德州扑克前沿理论指南

张 烁 刘立奥 ◎ 著

电子工业出版社
Publishing House of Electronics Industry
北京·BEIJING

未经许可，不得以任何方式复制或抄袭本书之部分或全部内容。
版权所有，侵权必究。

图书在版编目（CIP）数据

德州扑克前沿理论指南/张烁，刘立奥著. —北京：电子工业出版社，2024.5
ISBN 978-7-121-47595-5

Ⅰ.①德… Ⅱ.①张…②刘… Ⅲ.①扑克－基本知识 Ⅳ.①G892.1

中国国家版本馆CIP数据核字（2024）第064541号

责任编辑：张　毅
印　　刷：天津画中画印刷有限公司
装　　订：天津画中画印刷有限公司
出版发行：电子工业出版社
　　　　　北京市海淀区万寿路173信箱　邮编：100036
开　　本：880×1230　1/32　印张：6.125　字数：143千字
版　　次：2024年5月第1版
印　　次：2024年5月第1次印刷
定　　价：60.00元

凡所购买电子工业出版社图书有缺损问题，请向购买书店调换。若书店售缺，请与本社发行部联系，联系及邮购电话：（010）88254888，88258888。

质量投诉请发邮件至zlts@phei.com.cn，盗版侵权举报请发邮件至dbqq@phei.com.cn。

本书咨询联系方式：（010）68161512，meidipub@phei.com.cn。

前　言

初学者对于德州扑克最大的困惑往往在于，怎么知道自己打得是对还是错？

众所周知，德州扑克是一个运气占很大成分的游戏，即便是世界冠军，也很可能在很长一段时间内不停地输掉底池。早些年，一些掌握基本技巧的"德扑高手"可以在牌桌上通过观察对手的下注习惯获得大量信息，甚至准确地"读出"对手的手牌，但仍然难以保证自己每次都能赢下底池。

因为即便你知道对手在四张同花的牌面上只有一个对子，你仍然难以确定对手在面对你激进的诈唬时是否会跟注，这也是德州扑克最让人沮丧的一点：我们永远无法准确预测对手的行动。这也意味着在大多数情况下，我们无法确定自己的最佳打法。即使在一手牌结束后，我们也常常不知道自己的打法究竟是对还是错。

作为普通人，我们习惯于从经验当中学习。如果我们做了某件事并得到了好的结果，那么我们会继续去做这件事；而如果我们得到了坏的结果，那么我们就会去尝试另一种方法。

但是学习德州扑克并非如此，你无法单凭经验来学习。虽然通过大量的练习你会玩得更好，但与此同时你也会养成一些坏习惯。在过去的十年中，我遇到过大量在自己小圈子里的"高手"在遇到新的游戏环境时被打得"鼻青脸肿"。这些人有点像仅仅经历过一个牛市的股票投资者，他们并没有意识到自己所谓的技术策略不过仅适用于特定的经济环境，里面蕴含了很多看上去无须证明但实际上并不牢靠的假设。当对手不再按照所谓的"高手"自己预想的套路下注时，他们就往往和菜鸟一样，变得不知所措。实际上，你玩过足够多的手牌、遇到过足够多的对手后，你就会明白预测对手手牌的难度往往比预测股票的涨跌还要大，但这并不意味着德州扑克是个没有技术、单靠运气的游戏。

恰恰相反，正是因为玩好德州扑克的关键并不在于那些玄之又玄的"读牌"，而是在承认我们无法知道对手的手牌的情况下依旧可以作出最佳决策。这让德州扑克从其他"赌博游戏"中脱离出来，成为一种真正意义上的智力竞技运动。

事先声明，这并不是一本为零基础的"小白"所写的德州扑克扫盲类书籍，书里不会介绍二四法则之类的基础概念，书里的很多概念对德州扑克新人来说可能难以迅速理解，但德州扑克是个"真实"的游戏，真实的世界本就难以理解。我宁愿我的读者们在看完这本书后对德州扑克心生畏惧，甚至敬而远之，也不想通过讲解一些看似正确、实则一知半解的案例，让大家误以为德州扑克是一个简单、容易的游戏，从而误入这个"残酷的修罗场"。

目录

第一章　博弈论与德州扑克 ······················· 001

一、剥削策略与 GTO 策略 ···························· 003

二、中立策略 ·· 004

三、混合策略 ·· 005

四、固定策略 ·· 009

五、频率错误与纯粹错误 ·· 011

六、用 GTO 策略对抗一个糟糕的牌手是赚了吗 ·········· 011

第二章　求解器和人工智能 ······················· 015

一、均衡策略求解器 ·· 016

二、人工智能求解器 ·· 020

第三章　期望值——德州扑克核心概念 ······· 023

一、德州扑克中的 EV 的计算 ····································· 025

二、用 EV 导出其他指标 ·· 030

三、错误的代价 ·· 032

第四章 权益分布与下注理论 ········· **051**

一、底池权益 ················· 052

二、权益分布图 ··············· 054

三、坚果优势与极化范围 ········· 055

四、稳定权益和非稳定权益 ······· 062

五、权益实现 ················· 064

六、弃牌权益 ················· 066

第五章 防守策略与最小防守频率 ····· **075**

一、最小防守频率的基本概念 ····· 076

二、MDF 的局限性 ············· 082

三、GTO 策略符合最小防守频率吗 ··· 084

四、德州扑克中的杠杆 ··········· 087

第六章 跟注的意义 ··············· **093**

一、如何看待求解器的输出 ······· 094

二、跟注的策略 ··············· 097

第七章 了解德州扑克中的阻挡效应 ···· **107**

一、了解阻挡牌 …………………………………………… 108

　　二、分析阻挡效应 ………………………………………… 109

　　三、阻挡效应什么时候很重要 …………………………… 113

第八章　位置的价值 …………………………………… 121

　　一、在有利位置与不利位置时的过牌策略 ……………… 122

　　二、在有利位置与不利位置时的价值下注 ……………… 125

　　三、在有利位置与不利位置时的诈唬选择 ……………… 127

　　四、反主动下注 …………………………………………… 129

　　五、阻止注有意义吗 ……………………………………… 142

第九章　筹码深度对策略的影响 ……………………… 149

　　一、在不同筹码深度下的策略 …………………………… 150

　　二、不同策略的意义 ……………………………………… 161

第十章　德州扑克中的多人底池问题 ………………… 163

　　一、多人底池的均衡问题 ………………………………… 164

　　二、分担防守负担 ………………………………………… 165

　　三、紧是对的 ……………………………………………… 167

四、停止全范围下注 ································ 168

五、以坚果潜力为王 ································ 168

六、更高的隐含（和反向隐含）赔率 ················ 169

七、使用小尺度下注 ································ 169

八、位置优势增强 ·································· 172

九、阻挡效应被放大 ································ 175

十、受限范围不易被利用 ···························· 176

结　语　我们应该如何看待德州扑克 ················ 179

附录A　德州扑克常见术语 ························ 184

第一章

博弈论与德州扑克

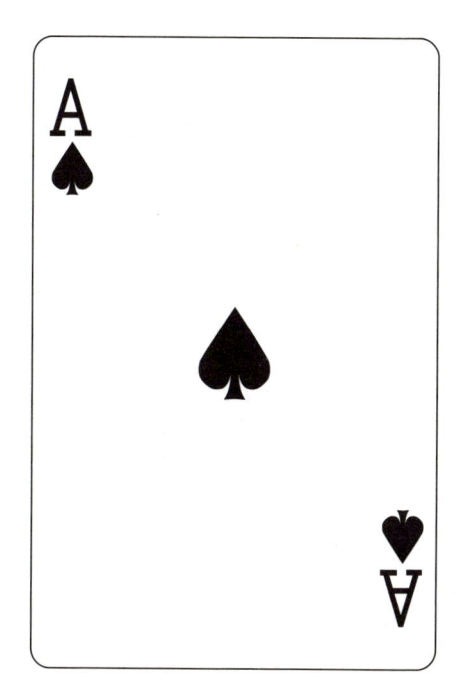

1951年，诺贝尔经济学奖得主约翰·纳什发表了名为《非合作博弈》的论文，首次提出了纳什均衡概念。纳什均衡在维基百科中的解释是：在包含两个或两个以上参与者的非合作博弈中，假设每个参与者都知道其他参与者的均衡策略，那么没有参与者可以通过改变自身策略使自身受益。这一超越时代的论述不仅完美解释了商业竞争中的诸多现象，也给德州扑克这种古老的游戏带来了一场革命。

在德州扑克中，我们不知道我们的对手有什么牌，但是我们知道他可能会有什么牌；我们不知道他会做什么，但是我们知道他能做什么。这对你的对手也适用。不确定性是你的敌人，同时也是你对手的敌人。这种标准的非合作博弈行为完美契合纳什均衡里描述的博弈情况，意味着必然存在一个纳什均衡解。只要我们找到德州扑克博弈中的纳什均衡点［德州扑克里经常提到的GTO（博弈论最优）策略］，就意味着无论对手如何改变他的策略，都无法提高其自身的收益。

在德州扑克单挑游戏里，如果你和我都使用GTO策略，相当于我可以确切地告诉你每一种情况下的每一手牌我将会怎么玩（但是我不会告诉你我的底牌），你也可以告诉我你每一手牌的策略。但即使我们完全知道彼此会采取什么样的策略，我们也仍然不想改变自己的策略，因为单方面地改变策略不能带来更好的结果。这时，我们在单挑游戏中的这组策略就可以被称为纳什平衡，也就是GTO策略。

随着GTO以及纳什均衡策略被越来越多的玩家应用到德州扑

克里，人们对德州扑克的看法不再是一个斗智斗勇、比拼演技的游戏，而是一场在不确定情况下谁能作出更好决策的智力竞技。

德州扑克高手们的关注点从预测对手的范围转向构建自身的策略，让自身的策略无法被针对从而获得一个保底的收益。这逐渐成为现代德州扑克策略的主流。

一、剥削策略与 GTO 策略

很多企业在招聘员工时喜欢从校园招聘，觉得"一张白纸"比在社会上摸爬滚打很多年的"老油条"更容易培养。这种情况在德州扑克领域更为明显。我发现新手往往比一些资深玩家更容易理解并执行 GTO 策略，因为理解 GTO 策略的第一步是学会在你熟悉的游戏环境之外思考。这对于资深玩家来说可能具有挑战性，因为他们可能没有意识到随着时间的推移，他们从各种渠道学到或自己研发的策略中包含了多少不切实际的假设。

在许多情况下，这些假设是有道理的，根据这些假设采取行动会比机械地使用 GTO 策略产生更好的结果。然而，我们要清醒地认识到，这些策略成立的前提假设是否符合当前的游戏环境，这样我们就不会在游戏环境发生变化时过度依赖它们。

GTO 策略虽然在很多场合被翻译成博弈论最优策略，但更准确的翻译应该是不能被剥削的策略。这意味着 GTO 策略并不是一套必须接受或拒绝的严格规则，而是一个思考扑克局势、预测对手行动和改进自己决策的框架。GTO 策略的意义在于当我们无法对对手的策略有清楚的认知时，如何作出稳健清晰的决策。GTO 策略最大的帮助在于帮助我们应对不熟悉的对手，尤其是一些水平较高的玩家，因为他们的策略我们是无法轻松预测的。

剥削策略与 GTO 策略就像一个莫比乌斯环的两面，剥削策略试图预测对手将犯的具体错误，并根据这些错误制定新的策略，以最大限度地利用这些错误。这种方法通常适合对抗我们比较熟悉的玩家或者水平较低的玩家。

举个最简单的例子，在石头、剪刀、布游戏中，剥削策略是猜测你的对手会出什么，然后相应地选择自己的出拳。GTO 策略是随机选择出拳，每次出石头、剪刀、布的概率都约为 33%。这使得你的对手无法预测你的行动。他无法预测你的行动，就是你所能期望的最好结果。

在德州扑克中，这两种策略并不相互排斥。如果一个人不懂得什么是 GTO 策略，他大概率也不会懂得如何去剥削对手，就好比一个人如果不知道哪边是北方，那么他也没理由知道东西南三个方向在哪儿。只有真正理解 GTO 策略的人才能有效地发现对手的漏洞，进而制定对应的剥削策略。

⬢ 二、中立策略

第一次使用德州扑克求解器的人往往会遇到一种令人沮丧的情况：当你费尽心思输入各种参数，期望求解器告诉你一手边缘牌应该怎样操作时，却发现求解器输出的结果居然是过牌 / 下注 / 弃牌的 EV 都是一样的，求解器经常告诉你这手牌在这里应该一半的频率下注、一半的频率过牌，或者一半的频率跟注、一半的频率弃牌。这种模棱两可的结论很容易打击初学者的热情，但也直观地体现了纳什均衡的意义——中立（不可被剥削）。

中立（Indifferent）是理解 GTO 策略最重要的概念，有些人喜欢把它翻译成"不偏不倚"。从某种程度上来说，GTO 策略的理想结果就是让对手的所有手牌组合怎么做都一样，因为我们是不可被剥削的，所以对手是下注、弃牌还是跟注，我们根本不在乎。如果对手可以通过调整自己的策略找到应对我们的更好办法，我们的策略就不能称为 GTO 策略。

举个例子，如果一手牌来到河牌，有利位置的玩家拥有极化的范围（主要有坚果牌和空气牌），而不利位置的玩家只有紧缩的范围（以抓鸡牌为主）。前位玩家过牌，轮到有利位置的玩家做决策。如果有利位置的玩家选择下注满池，并且只要保持每三次下注里有两次价值下注、一次诈唬，那么前位玩家无论怎样调整自己的跟注和弃牌的比例（每次都跟注，每次都弃牌，跟注一次弃牌两次，或者跟注两次弃牌一次），结果都是一样的。这也是 GTO 策略独特的魅力所在。

三、混合策略

由于中立（不可被剥削）概念的存在，求解器中的很多策略都是混合策略。如果我们对一些没有胜率的手牌组合时而诈唬，时而过牌放弃，就会让对手的一些抓鸡牌不知所措，也被迫时而跟注，时而弃牌，这类策略我们称为混合策略。这里需要明确一点，混合策略并不是随机策略。

举个例子，假设你有 100 个大盲深度的筹码，前面玩家弃牌，轮到你在庄位行动。你决定用 K♥4♥ 加注，只有大盲位玩家跟注。翻牌是 Q♥7♠2♥，大盲位玩家过牌。你会怎么办？

我猜测很大一部分人会在这个翻牌面用所有同花听牌下注。这是有道理的（原因会在后面详细分析），下注对于剥夺对手实现其底池权益的能力和我们赢得一个大底池（如果我们最后形成了同花）都有很好的效果。

换句话说，我们所有的同花听牌都有很高的稳定胜率——如果我们获得了同花，这通常是我们拿到的最好的牌，即便我们听牌失败，我们也可以通过诈唬拿下底池，这时我们拥有整体权益上的优势，可能让对手不得不放弃一手可以在摊牌时打败我们的牌。

但即便上面的分析很有道理，我们真的应该每次都用 K♥4♥ 下注吗？这真的是最好的做法吗？如果我们求助于 AI 软件或者均衡策略求解器，软件给出的策略往往会令人困惑。

AI 软件很可能告诉我们，最好的策略是一种掺杂了下注和过牌的混合策略。换句话说，它将告诉我们，下注和过牌的 EV 是完全相同的。等等，这是为什么？我们刚刚讨论过，这似乎是个没有太多疑问的下注，而且由成功牌手所写的许多书籍和文章也强调过在这时下注有多重要。

虽然 AI 软件或均衡策略求解器都不能告诉我们为什么这样做，

但了解它们运算的结果很重要。两种程序都是通过假定我们在对抗只要有机会就想剥削我们的最厉害对手而设计策略的。让我们跳出习惯思维，静下心来想一想：如果我们作为庄位玩家永远不在这种翻牌面过牌同花听牌，会发生什么情况？

这意味着倘若我们下注后转牌圈发出红桃，那么我们转牌圈的范围中可能有太多同花。同样，由于我们的过牌范围缺少同花听牌，如果在我们选择过牌后发出一张红桃，那么我们的范围中没有任何同花。我们采用这种策略有可能被剥削吗？

是的，非常有可能。

如果我们在翻牌圈用我们的所有同花听牌下注，然后转牌是 3♥，如果对手知道我们的策略，他会怎么做？因为知道我们非常可能有同花，他会经常在发出同花的转牌面时过牌 – 弃牌。同样，如果我们在翻牌圈过牌，然后转牌是 3♥，对手知道我们会用所有同花听牌在翻牌圈下注，所以我们这时绝对没有同花，对手就可以经常下重注来诈唬我们。

既然在翻牌圈我们用所有的同花听牌下注可能被剥削，也就意味着我们的打法不是最合理的。因此，诸如 PioSolver 和 Poker-Snowie 这样的非常高级的软件试图阻止这种情况发生，这也是为何它们有时会在这种翻牌面在有利位置过牌的原因。当然它们用同花听牌下注的频率远高于过牌，因为庄位玩家的加注入池范围比大盲位玩家的冷跟注范围强，而且同花听牌确实有不错的下注属性，但它们仍然需要有一定频率的过牌。即使最优的解决方案是 95% 的时候用 K♥4♥ 下注，只在 5% 的时候过牌，两种策略对抗理论上最优的对手的 EV 仍然是相等的（否则我们将总是采用 EV 更高的策略）。

因此，你现在开始明白为什么混合策略如此重要。事实上，这种情况不是个例，在之后的一些例子中你会发现，混合策略无处不在。因此，在各种模拟软件的帮助下，德州扑克进入了一个新时代，一些过去看上去不言自明的道理，其实存在很大的缺陷，并不适用于所有的场合。

十年前，如果一名刚接触德州扑克的朋友向我请教翻牌前在单一加注底池的庄位拿着 K♥4♥ 在 Q♥7♠2♥ 的翻牌面对抗大盲位玩家该怎么做，我会毫不犹豫地告诉他应该下注，因为他有第二坚果听牌，而且既希望做大底池又希望对手在河牌圈之前放弃比他大的 A 高牌或小对子。这是一个无论怎样都要做的下注，过牌是一个大错。然而在今天，在完全相同的场合，我会告诉他，这时过牌绝对不是大错。因为下注和过牌都是合理的。过牌使他的过牌范围中存在一些同花听牌（如果转牌发出红桃），同时也给了他一些可以跟注转牌圈下注的非成手牌。如果对手在发出空白转牌时下注，然后在河牌圈过牌，他就可以诈唬。如果他在这时百分之百下注，他的策略就会存在漏洞。

我为何如此"啰唆"地讨论这个问题？因为很多时候，对德州扑克问题的讨论往往陷入两种极端：一种极端是过分强调环境的特殊性和对对手的阅读，而忽略了自己基础策略的构建，这是一些资深玩家经常犯的错误；另一种极端是机械地照搬扑克求解器给出的结论而忽略了游戏情况和对手的特征，这是刚刚学习使用扑克求解器的人经常走入的误区。很多在 AI 时代才开始接触德州扑克的新手，经常形成"在大多数场合，在翻牌圈下注和过牌都是可以的，而且不管我们怎么做，我们的 EV 都将是相同的"这种认识，而事实上这种认识只在对抗非常特定的对手时才是正确的。这也是我写的这本"前沿"教程依旧花如此多的篇幅强调要理解德州扑克的基础概念，而不要只讨论一个又一个具体的牌例的原因。

如果我们能够扎实深入地理解这些德州扑克的核心概念和理论，我们就很容易看出为什么一种策略比另一种更好，一种下注尺度比另一种更合理（即使你不能找出最完美的下注尺度），即使求解器告诉我们混合策略是最理想的。本书所讨论的所有牌例都只是抛砖引玉，目的是说明和解释求解器得出这些结果背后的道理。毕竟，AI 软件只负责提建议，它不会告诉你为什么这么做。

四、固定策略

虽然我们不希望被对手剥削，但也不意味着我们所有的手牌都要使用混合策略。在很多牌面上，我们不能做到让对手在每一个决策点的每一手牌都处于中立。有时会有更好的策略，而当有最好的策略时，求解器会假设你的对手也了解这种策略，同时把这种最好的策略作为固定策略完整地体现在求解器输出的策略图表上。

举个例子，假设我们在大盲位置有 100 个盲注筹码，庄位玩家率先加注入池，这时我们用 QQ 怎么做？

我们应该再加注（3Bet），这是一个不需要考虑的答案，我们不需要怀疑自己。这是因为对手即便知道我们总是用 QQ 做再加注，对手也没有办法制定任何有效的剥削策略。具体来讲，有以下三个原因。

（1）QQ 本身具有完美的加注属性。换句话说，通过 3Bet 我们既剥夺了对手的底池权益（特别是对于许多 A 高牌和 K 高牌），又在取胜的时候拿到一个大底池。此外，这个率先加注的位置足够靠后，使我们的 QQ 能很好地对抗庄位玩家跟注 3Bet 的范围，并且能够很好地对抗他的 4Bet 范围。

（2）既然我们在大盲位置的平跟范围比较宽，我们几乎可以在任何翻牌面拿到强牌。虽然我们可能在大多数公共牌面上没有绝对坚果牌，但我们几乎总是有可能击中暗三条或者至少两对。例如，即使我们不能在 Q-7-3 的翻牌面拿到 QQ，因为我们的 QQ 全部用来 3Bet，但我们仍然可以拿到 77、33、Q7s 和 Q3s。我们仍然可以在大多数 Q 高公共牌面拿到那么强的牌，对手不能因为我们少了 QQ 这一组合就对我们肆无忌惮地频繁下大注。基于此，如果我们翻牌前慢玩 QQ，我们不会得到足够多的筹码，所以我们也不需要通过跟注 QQ 来保护我们的范围。

（3）我们应该指望在 3Bet 底池用超对赢下大底池或清空对手的筹码，因为对手将用许多 AJ、AT、TT 和 99 这样的强牌跟注我们的 3Bet。此外，这些牌往往在翻牌击中后不会轻易弃牌，所以，用 QQ 做 3Bet 的 EV 非常高。

综上所述，翻牌前用 QQ 做 3Bet 总的来讲比跟注更有利可图，即使对手知道我们每次拿着 QQ 总是做 3Bet 也对我们无可奈何。因此，在这里我们不应采取混合策略，而应 100% 做 3Bet。

五、频率错误与纯粹错误

混合策略并不意味着选择是任意的,相反,正确的策略在很大程度上取决于对手采取不同策略的频率。对手的下注频率偏离 GTO 策略的频率,我们称为频率错误。

只有当我们的对手采取完美的 GTO 策略时,混合策略中所有选择的 EV 才会相同。如果我们可以预测对手与理想策略存在哪怕很小的偏差,那么总有一种策略将具有更高的 EV,混合策略将发生改变。这样一来,我们就会偏离自己不可被剥削的 GTO 策略。我们将在剥削框架内运作,对对手的错误作出假设。如果这些假设是正确的,我们就会获得超额收益;如果这些假设错了,我们也会因此得到惩罚。

与频率错误不同,纯粹的错误往往体现在下注一手 100% 不适合下注的牌(或过牌一手 100% 不适合过牌的牌)。这种下注不会给对手的决策带来困难,他们会简单地放弃最差的牌并跟注所有更好的牌。与频率错误不同,纯粹的错误对对手的策略并不特别敏感。如果我们犯了纯粹的错误,即便对手没有做任何针对性的调整,对手也会自动获得额外的收益。

六、用 GTO 策略对抗一个糟糕的牌手是赚了吗

在目前的德州扑克游戏环境中,我们一般将总是采用 GTO 策

略的牌手叫作 GTO 牌手，将总是采用最大限度剥削策略的牌手叫作剥削型牌手。剥削有两种类型：被动剥削和主动剥削。主动剥削可进一步拆分为最大限度剥削和最小限度剥削。

被动剥削（Passive Exploitation）

我们必须清楚，在单挑场合中，如果一个采用 GTO 策略的牌手对抗一个采用非 GTO 策略的对手，那么这个采用非 GTO 策略的牌手对于 GTO 策略的任何偏离不仅不会增加他的收益，还会减少他的收益，从而使采用 GTO 策略的牌手获得更大的收益。这种现象被称作被动剥削，因为采用 GTO 策略的牌手不用做任何事。在某种意义上，采用非 GTO 策略的牌手会因为打法糟糕而自我剥削。

主动剥削（Active Exploitation）

主动剥削是一个牌手为进一步利用对手的漏洞而偏离其核心策略的打法。

举个例子，下面是一个简化的德州扑克比赛场景。

牌局类型：单挑 SNG 比赛（牌手只能要么全下，要么弃牌）

有效筹码量：15 个大盲

前注：0.5 个大盲 / 1 个大盲

翻牌前：我们在小盲位置，GTO 策略是用 45.7% 的牌全下

如我们在表 1 中所见，采用 GTO 策略的牌手对抗采用 GTO 策略的牌手不输不赢，但他对抗采用非 GTO 策略的牌手赚到了 EV（具体数额取决于他们漏洞的严重性）。对抗采用非 GTO 策略的牌手，剥削策略相比 GTO 策略平均每百手多赚取 6.4 个大盲，但采用剥削策略可能产生一个每百手被反剥削策略赚取 15.62 个大盲的漏洞。

即使对抗一个跟注频率远高于理想频率的极糟糕对手，剥削策略也只比 GTO 策略每百手多赚到 6.3 个大盲，但可能被反剥削 2.5 个大盲。如果对手的跟注频率比理想频率紧 50%，那么剥削策略绩效非常好，比 GTO 策略每百手多赚 24.6 个大盲，但它可能被反剥削 62.4 个大盲。此外，这种策略变化非常容易被发现，因为我们现在用 100% 起手牌而非 28% 起手牌全下，因此这种剥削性调整可能被观察敏锐的对手轻易察觉。

剥削策略涉及一定程度的风险，因为我们将自己置身于一个对手可以反剥削我们的局面，而且如果对手发现我们在做什么，他反剥削的收益甚至高于我们最初试图从他那儿剥削的收益。此外，如果我们误判了对手的策略（这是不可避免的），并且作出错误的调整，我们将会损失巨大。

表 1　对抗不同类型对手的 EV 收益与损失

单位：bb/100 手

对手类型	范围		对抗非理想策略的收益		剥削策略相对于 GTO 策略的净收益	潜在 EV 损失	
	大盲位玩家跟注范围	小盲位玩家全下范围	GTO 策略	剥削策略		对抗 GTO 策略	对抗反剥削策略
GTO 牌手	28.50%	45.70%	0	0	0	0	0
10% 松牌手	31.40%	37.60%	0.5	1	0.5	−0.5	−1.8
25% 松牌手	35.60%	35.10%	2	4	2	−1	−3.2
100% 松牌手	57.00%	37.90%	21.1	27.4	6.3	−1.3	−2.5

续表

对手类型	范围		对抗非理想策略的收益		剥削策略相对于GTO策略的净收益	潜在 EV 损失	
	大盲位玩家跟注范围	小盲位玩家全下范围	GTO策略	剥削策略		对抗GTO策略	对抗反剥削策略
10%紧牌手	25.70%	55.40%	0.1	0.5	0.4	−0.6	−1.7
25%紧牌手	21.40%	80.10%	1	5.6	4.6	−6.6	−22.1
50%紧牌手	14.30%	100.00%	4.8	29.4	24.6	−16.9	−62.4
				平均值	6.4	−4.48	−15.62

GTO 策略本质上只是一种决策工具。与任何工具一样，当在正确的情况下以正确的方式使用它时，它才能提供价值。为了使用好这个工具，我们必须了解它的原理。

如果我们不了解德州扑克背后的博弈本质，很难说我们真正理解了这个游戏，充其量只是通过反复试验，制定了针对某些类型对手的策略。也许这些策略可以让我们应对熟悉的游戏环境，但在一个陌生的游戏环境里，我们可能举步维艰。

使用 GTO 策略并不需要我们完全记住求解器中看到的所有策略细节。我们要学会理解中立这个概念，通过构建自己的范围，让对手作出艰难的决定，而不是试图猜测他将如何行动。这将有助于我们适应各种游戏环境中的对手，在信息不完整的情况下更加从容地作出决定。

第二章

求解器和人工智能

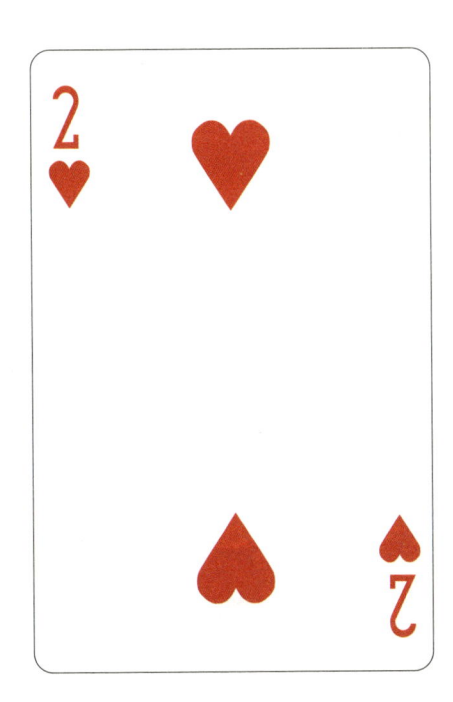

一、均衡策略求解器

纳什均衡理论虽然早在 50 年前就享誉世界，但很长一段时间以来，德州扑克领域的一些指导性原则依旧主要来自经验，比如《超级系统》告诉我们的"大牌大注，小牌小注"，都是经验的总结。

原因主要在于纳什均衡策略过于复杂，人类无法通过大脑手动得出准确的答案。随着 21 世纪计算机硬件的不断升级以及商用德州扑克求解器的出现，人们可以用自己的家用计算机准确地得出大多数情况下的纳什均衡策略，这也让德州扑克的游戏环境在最近十年有了天翻地覆的变化。使用求解器是每个想要深入学习德州扑克的人都需要学会的基础技能。

求解器的工作原理

纳什均衡是一种状态，任何玩家都无法通过单方面改变策略来做得更好。这意味着，如果每个玩家都公开他们的策略，则没有玩家会有动机去改变他们的策略。人们常常把求解器的运算结果当成纳什均衡策略，但这并不是设计求解器的目的。事实上，求解器并不知道"纳什均衡"是什么意思。

求解器只是给出了 EV 最大化算法。

一开始求解器为每个玩家分配一个统一的随机策略（每个决策点的每个动作都有相同的可能性），然后让不同的算法之间彼此针对对手相互调整竞争策略，不断地重复迭代，直到达到纳什均衡，而具体迭代的次数取决于我们设置的策略的可能性和采样方式。

扑克游戏太复杂，无法直接计算。我们需要使用子集和抽象化来缩小游戏空间，使其可计算。

一般来说，要运行求解器，你需要定义以下参数：

- 博弈双方可以选择的下注尺度。
- 所需的准确度。
- 起始底池和筹码堆大小。
- 双方的起始范围（翻牌后求解器）。
- 翻后牌面（翻牌后求解器）。
- 对实用函数的修改。

图 1 是最常见的求解器 PioSolver 的设置页面。

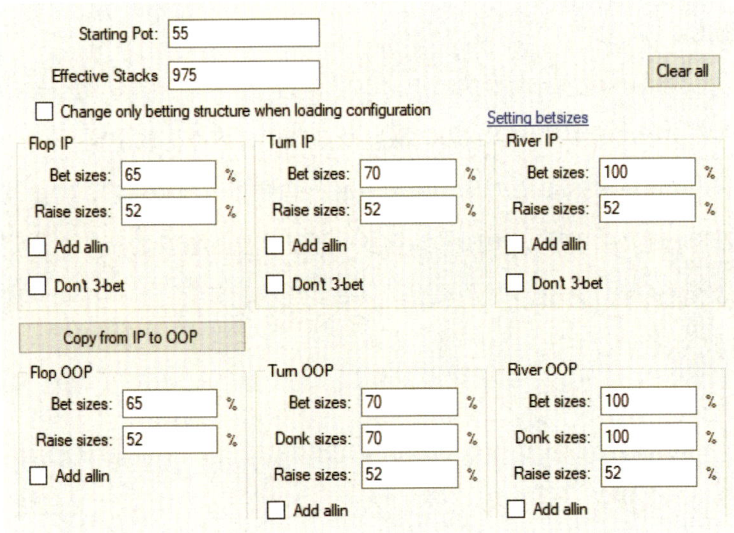

图 1 PioSolver 设置页面

目前市场上可买到的求解器有好几种，大多数商业求解器能够用特定的范围和下注尺度计算任何单挑场合的纳什均衡策略，而且有很高的准确度（低可剥削性）。一些求解器可以计算多人底池的翻牌前及翻牌后纳什均衡策略，还有一些求解器甚至能计算更复杂的游戏，如底池限注奥马哈。

PioSolver

PioSolver 是最早上线的，也是目前市场应用最广泛的一款德州扑克求解器。PioSolver 的优点在于可以精确完整地展示权益、期望值、权益分布图等做决策所需要的数据，并可以使用节点锁定功能（nodelock）根据对手的策略，制定有针对性的剥削策略。

此外，PioSolver 与大部分扑克软件兼容，并且可以自定义高级脚本。

PioSolver 也有明显的缺点。首先，它的计算时间通常比较长，这取决于决策树的大小、筹码深度及游戏中博弈双方的范围。

其次，PioSolver 对新手不太友好，想要高效地利用它，牌手需要有一定的扑克知识。如果计算多个下注尺度的复杂的策略，需要比较高的硬件配置。而且求解器只提供结果，其背后的规律和原理需要我们自己去比较和挖掘。

MonkerSolver

MonkerSolver 是市场上最全面的求解器。利用一些缩小游戏规模的抽象技术，它可以从任意回合开始解算任何数量牌手的德州扑克和奥马哈牌面。

MonkerSolver 的优点是可以解算复杂的多人底池德州扑克及奥

马哈牌面。

相对于 PioSolver，MonkerSolver 最终确定的解决方案界面也相对直观。但是，拥有解算更大、更复杂游戏的能力是要付出代价的。比如，为缩小游戏规模而使用抽象技术会导致解决方案不太准确。

MonkerSolver 的缺点是图形用户界面似乎有点粗糙，新用户上手会感到吃力，特别是对于计算机操作不熟练的人。

此外，MonkerSolver 需要硬件的性能非常高。用来运行 MonkerSolver 的计算机性能越强大，得出的解决方案就越精确。这导致用户为求解高精度解决方案而购买超级计算机或租借大型服务器。

MonkerSolver 的结果生成过程可能比较长，需要花费大量时间，得出翻牌前策略可能要花费数天时间。

GTO 训练的 Web 应用

面对求解器的高门槛，新手想快速学习 GTO 策略，也可以选择使用一些 GTO 训练的 Web 应用，如"简单 GTO"，这类应用为各种不同扑克模式提供各种各样预计算的 GTO 策略，包括 6 人桌和单挑常规局、MTT 等，它们让希望了解 GTO 策略但未必有兴趣自己计算的用户更容易了解 GTO 策略。

它们的优点是没有较高的对计算机的要求，而且相比求解器，它们的使用界面更加直观友好，可以实时地提供计算结果，不需要等待。

二、人工智能求解器

1997年，世界上最好的国际象棋棋手卡斯帕罗夫被IBM的超级计算机"深蓝"打败。他的失败被当作人工智能（AI）将在某一天赶超人类智慧的信号。

2015年，DeepMind开发出阿尔法狗（AlphaGo）——一个围棋程序。2017年5月，阿尔法狗击败了当时世界排名第一的围棋棋手柯洁。围棋是一种具有10 170种变化的游戏。同年晚些时候，DeepMind发布了AlphaGo Zero——一个震惊世界的国际象棋程序，达到超人的游戏水平，打败了著名的Stockfish和Elmo程序。然而，打败最好的人类牌手并不意味着解决了游戏。一种AI可以好到足够打败最好的人类选手，但另一种AI可以开发出更好的策略，打败之前的AI。这个循环可以永远持续。解决一个游戏涉及计算出一种在公平游戏中不可能输的GTO解决方案。

到目前为止，每一种在人类之间竞争的完美信息游戏（如国际象棋或跳棋）都已被解决，但像德州扑克这样的非完美信息游戏，由于牌手不能看到其他牌手的牌，这使得德州扑克比国际象棋或者跳棋难度更大。单挑限注德州扑克（HULHE）是德州扑克的最小变种，它具有3.19×1014个决策点。虽然这个数字小于跳棋，但德州扑克的非完美信息特征使得它对计算机而言是一种更难解决的挑战性游戏。

首个被全面解决的扑克游戏是有限注德州扑克的双人赛，由Alberta Cepheus扑克程序在2015年解决。它的CFR+算法由一组由200个计算机节点组成的计算机集群执行。

2017年1月30日，卡耐基梅隆大学开发的Libratus在12万手牌的挑战中打败了多名顶级单挑无限注德州扑克高手。

单挑无限注德州扑克存在10 160种情况，这种AI求解器需要一组由600个节点组成的超级计算机集群，每个节点具有28核处理能力，完成任务和打败人类牌手总共需要处理2.7拍字节的数据。

虽然AI求解器每天都在变聪明，但由于受当前的算力所限，它们能做的事情仍然有一些限制，特别是对于无限注德州扑克和多人底池牌局。虽然有限注德州扑克单挑赛已经完全被解决，而且Libratus已经好到足够打败单挑无限注德州扑克的人类牌手，但包括锦标赛、6人桌和满员桌扑克在内的其他扑克项目距离被完全解决还有一段相当长的距离。

PokerSnowie

目前市场上的商业人工智能软件最具代表性的是PokerSnowie。它的优点是快速且容易使用，只需要用户输入极少的数据且没有很高的硬件要求。

它能够通过导入来自网络扑克赛的历史牌局以及根据AI策略评估其他策略的好坏。缺点是它制定的策略往往不是真正的GTO策略，输出的只是软件认为在和自身对抗时较好的策略，且无法解释它为何要那样做。

随着2014年世界上第一款商用德州扑克求解器PioSolver和商用AI求解器PokerSnowie面市，越来越多的人开始利用信息技术重新审视德州扑克这个古老的游戏。随着商用求解器的普及，以

Linus 为代表的越来越多的年轻人，通过求解器的模拟训练，迅速成为德州扑克界的佼佼者。这不仅让那些曾经的世界冠军们倍感压力，也标志着德州扑克这项智力竞技运动正在迈入一个全新的时代。

第三章

期望值——德州扑克核心概念

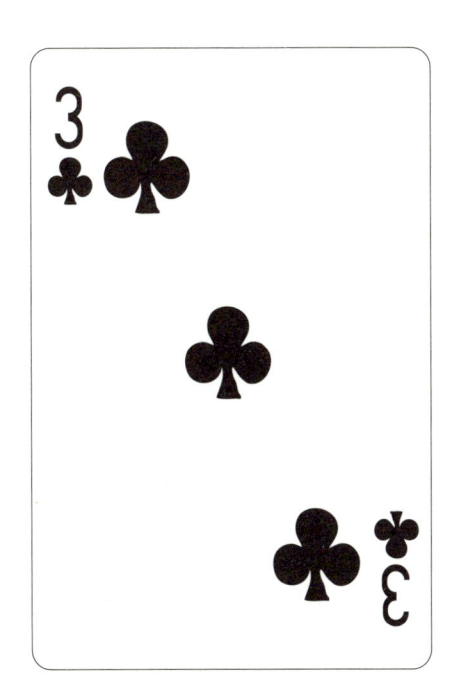

现在让我们从一个德州扑克最基础的问题"为什么我们要下注"入手。在德州扑克求解器出现之前，人们对这个问题的答案无外乎以下四个：

我希望比我更差的牌跟注；我希望诈唬掉对手比我好的牌；我希望对听牌收取价值；如果我过牌，对手下注我不知道该如何是好。

这些答案貌似都有道理。如果我们在翻牌圈手拿顶对，并且牌面存在很多听牌，上面四个答案往往指向"下注"这同一个结果。但如果我们在同样的牌面上拿着第二大的对子，这四种不同的思考方向可能会带来不同的结论。我们的下注依旧可能诈唬掉比我们好的牌，可以向听牌收取价值，但是与此同时，我们可能会被更强的牌跟注，而且面对对手的过牌加注我们会不知所措。从这两方面来看，过牌或许是更好的选择。

初学者往往思考到这里就一头雾水，很难再向前一步，最终陷入"读牌"的猜谜路径——只有具体知道对手的手牌，初学者才知道哪种策略是合理的。实际上，传统的思考方式有着严重的因果逻辑倒置的嫌疑，我们下注被更差的牌跟注，或者让更好的牌弃牌实际上是下注的结果而非原因，而这一点在求解器普及之前就已经被不少高手意识到了。例如，Janda 在他的《德州扑克高级玩家》一书中就提到过一种全新的下注思考模式：下注的目的是拒绝（refuse）对手的权益，并让我们在获胜的时候底池更大。这种说法虽然理顺了因果关系，但在一定程度上让人更加难以理解。

随着德州扑克求解器的出现，在 2024 年的今天，德州扑克已经有了简单明确的下注原则：我们下注的原因只有一个，就是我们下注的期望值（EV）要大于过牌或者弃牌的EV。

一、德州扑克中的EV的计算

EV是德州扑克中最基本的指标。我们作出的每一个决定都以一个共同目标为基础——EV最大化。为此，我们需要权衡所采取的每个行动的长期盈利能力。从某种意义上讲，期望值是用来量化未来行动的不确定性的一种指标。

现代德州扑克求解器一般都有明确的EV计算功能。

德州扑克中赢得筹码的方法只有两种：在摊牌时赢得底池，或者让其他人弃牌。由此可见，EV有两种类型：

- 摊牌EV——摊牌时赢／输的筹码。
- 弃牌EV——因弃牌或让对手弃牌而赢得／失去的筹码。

EV的计算式

EV计算式是将你和你的对手在未来会采取的行动都考虑在内的一种衡量方式。

比如，在河牌圈，我在100个大盲的底池中下注50个大盲来诈唬。我并不知道你接下来是会跟注还是会弃牌，但是我能通过你加注／跟注／弃牌的频率写一个方程来表示这个诈唬行动的价值。当你弃牌时，我能赢100个大盲；当你跟注或加注时，我输50个大盲。所以我诈唬的EV=（100×弃牌率）-（50×跟注率）-（50×加注率）。

如果我可以预计你的弃牌率，那么我就可以估算这个诈唬行动的 EV。如果你有 40% 的弃牌率，那么我诈唬的 EV=（100×40%）－（50×60%）=10。注意，我把跟注率和加注率一起算作 60%，因为无论你选择跟注还是加注，我的结果都是相同的：输掉 50 个大盲。所以即使我不知道你的跟注率或加注率，对于我计算 EV 也没有影响。

这样的等式可以让我知道：如果我想要诈唬盈利（EV＞0），那么我需要对手有多少的弃牌率。

EV 计算式是德州扑克的基石，相当于牛顿三定律在经典物理学中的作用，我们可能不会经常用到，但实际上它无处不在。

EV 的相对性

关于 EV 最常见的误解之一是"弃牌的 EV 总是零"。然而，只有当我们选择将弃牌定义为 EV=0 时，这才是正确的。我们还可以将 EV 视为相对于牌局开始时的筹码深度的衡量值。假设我们在翻牌前 3Bet 到 11 个大盲，并面临 4Bet 25 个大盲。如果这时弃牌，我们就损失了 11 个大盲；如果我们这样做 100 次，我们将损失 1100 个大盲！可见，弃牌的 EV 怎么可能总是零呢？

从我们面对 4Bet 的决定来看，原来的 11 个大盲加注是沉没成本，弃牌可以被认为 EV 是零。但从起始筹码量来看，我们弃牌损失了 11 个大盲。

我们必须意识到，EV 总是相对于其他事物来衡量的。如果将弃牌定义为 EV=0，那么跟注的 EV 是相对于弃牌的 EV 而言的。

举个例子，我们在大盲位置上 3Bet AQs，并面临来自庄位的 25

个大盲的 4Bet。这时，我们有三种选择：弃牌、跟注或全下（见图 2）。

```
A♠Q♠                        EV
All-in 100      2.58
Call            4.02
Fold               0
```

图 2　AQs 的三种选择相对于弃牌的 EV

根据我们面对 4Bet 的决定来衡量：弃牌的 EV 是零，跟注的 EV 是 4.02 个大盲，全下的 EV 是 2.58 个大盲。这些数字可能会产生误导，使得跟注和全下看起来都是有利可图的。

如果我们在回合开始时计算相对于筹码量的 EV，结果如图 3 所示。

```
A♠Q♠                        EV
All-in 100     -8.42
Call           -6.98
Fold             -11
```

图 3　AQs 的 EV

弃牌的 EV 是 -11 个大盲，跟注的 EV 是 -6.98 个大盲（比弃牌好 4.02 个大盲），全下的 EV 是 -8.42 个大盲（比弃牌好 2.58 个大盲）。

所以无论怎么看，跟注都是最好的选择，而且比弃牌更好。但我们需要意识到，我们正在三个失败的行动中作出选择，并试图找到损失最小的一个！这些边缘的"尝试输得最少"的情况在德州扑克中经常发生。

EV 的计量单位

计量 EV 的方法有许多。最常见的方法是以"大盲"或"大盲注"来计量。然而，我们也可以用筹码或底池份额来计量 EV。例如，如果你期望赢得 3 个大盲，而底池为 5 个大盲，你可以说你有 60%EV。

以百分比来计量 EV 的好处是可以正确看待事物。比如，2 个大盲很多吗？可能还好，但如果底池是 1000 个大盲，那么 2 个大盲就显得微不足道了；而如果底池是 5 个大盲，那么 2 个大盲就很重要了。

锦标赛玩家必须采取额外的步骤，如使用 ICM 等，将他们的 EV 转化为锦标赛价值。

EV 的计算示例

EV 是包含所有未来行动的加权平均值。最简单的定义如下：

EV =（结果 1 概率 × 结果 1 收益）+（结果 2 概率 × 结果 2 收益）+（结果 3 概率 × 结果 3 收益）…

现在让我们举三个例子。

例 1

我们从一个简单的例子开始。假设我们面临一个底池的下注，胜率为 25%。如果跟注，有两种可能的结果：赢或输（不包括平局）。如果我们赢了，我们将获得底池，还有对手的下注；如果我们输了，我们会输掉底池大小的下注。

EV=（25%×2）+[75%×（-1）]=-0.25

显然，这不是一个好的跟注，因为我们平均会损失25%的底池。

例2

现在让我们想象一下，如果对手下注半个底池，而我们有35%的胜率。我们冒着输掉半个底池的风险来赢得1.5个底池（对手的半个底池下注+底池）。

EV=（35%×1.5）+[65%×（-0.5）]=0.2

平均赢得20%的底池。

例3

我们现在把情况变得更复杂一点。我们可以选择在河牌圈用顶对下注一个底池（10个大盲），但我们的对手可能会全下并迫使我们弃牌。

我们过牌的胜率：70%

我们跟注的胜率：55%

20%的情况下对手会全下（我们会弃牌）

50%的情况下对手会弃牌

30%的情况下对手会跟注

我们下注并被跟注时的EV=（55%×20）+[45%×（-10）]=6.5

对手弃牌时的EV=10

对手加注时的EV=-10

下注的EV=（弃牌率×10）+（跟注率×6.5）+[加注率×（-10）]
=（50%×10）+（30%×6.5）+[20%×（-10）]=4.95

下注的 EV 是正的！这意味着我们应该下注，对吧？不，我们需要比较所有的决策的 EV。

过牌有 70% 的胜率，这意味着我们赢得了 70% 的底池（7 个大盲）。

EV（下注）=4.95

EV（过牌）=7.00

与过牌相比，下注会损失 2.05 个大盲。因为我们经常会被诈唬弃牌，或者被对手更好的牌跟注，过牌显然是最好的选择！

二、用 EV 导出其他指标

EV 是德州扑克中最基础、最重要的指标，其他所有的指标都可以用 EV 计算式导出。这里先简单介绍三个最重要的指标——底池赔率、对手弃牌率和最小防守频率。

底池赔率

早年间很多人把注意力过于集中在自己特定的手牌上，直到底池赔率这一概念被提出，人们才开始意识到下注/跟注频率才是德州扑克制定策略的核心依据。

底池赔率是指我们跟注对手下注所需的胜率。例如，假设不利位置玩家在河牌圈下注半个底池，有利位置玩家需要多少胜率才能作出跟注决定？

解决这个问题的经典方法是使用以下简单的等式：

所需胜率（权益）=（跟注）/（跟注后的底池）

对于半个底池下注：0.5/2=25%，我们需要至少 25% 的胜率才能跟注。这也可以使用 EV 来计算。这种方法的好处是我们不仅可以计算盈亏平衡点,还可以准确地看到在给出一定下注尺度和一定筹码的情况下获得的收益或者损失。

EV=(胜率 × 赢得的筹码)-(损失率 × 损失的筹码)

赢得的筹码 =1.5(底池加上对手的半个底池下注)

损失的筹码 =0.5(跟注的筹码)

损失率 =1- 胜率(EQ)

EV=(EQ×1.5)-[(1-EQ)×0.5]

我们可以通过将 EV 设置为 0 来找到盈亏平衡点:

0=(EQ×1.5)-[(1-EQ)×0.5]

EQ=1/4=25%

换句话说,我们需要有 25% 的胜率才能实现收支平衡。

对手弃牌率

对手弃牌率(Alpha,α),是德州扑克中另一个常见的指标,指的是对手弃牌率要达到多少,我们才能在完全没有胜率的诈唬中保持收支平衡。经典方程如下所示:

α= 风险 /(风险 + 收益)

其中,风险是诈唬的筹码,收益是我们在对手弃牌后获得的底池。对于半个底池诈唬,风险为 0.5,收益为 1。

α=0.5/(0.5+1)≈ 33.3%

但如果对手弃牌多了或少了怎么办?那样的话诈唬的收益有多大呢?好吧,我们可以使用 EV 计算式来找出答案。

EV=(底池 ×α)-(下注 × 跟注率)

现在让我们使用上式导出 α：

将 EV 设置为 0，以找到盈亏平衡点。

$0 = (1 \times \alpha) - (0.5 \times 跟注率)$

$0 = \alpha - [0.5 \times (1-\alpha)]$

$\alpha \approx 33.3\%$

最小防守频率

最小防守频率是指防守方必须跟注的频率，以防止进攻方用胜率为零的牌进行有利可图的诈唬。

最小防守频率 = 底池 / (底池 + 跟注)

最小防守频率 = $1/(1+0.5) \approx 66.7\%$

当然我们也可以用更简单的算法：

最小防守频率 = $1-\alpha$

以上的数学推导也许看上去让人有些头大，不过没关系，这就像我们不理解乘法口诀不影响我们使用计算器一样，即便不懂得背后推导的过程，我们一样可以熟练地通过求解器获得我们在特定牌面上想要知道的策略。

三、错误的代价

在求解器发明之前，我们也许可以知道哪些行动是更好的，但我们没有办法清楚地知道这些更好的行动究竟会给我们带来多大的收益。人们往往把研究重点放在那些河牌的巨大的底池，或者研究一手边缘牌是否应该诈唬或者抓诈。

但在求解器发明后，EV 计算的精细化让我们可以轻而易举地发现不同策略的 EV。

差距究竟有多大？我们不仅要关注下注 / 跟注 / 弃牌之间如何选择，不同下注尺度带来的 EV 差距也被前所未有地关注。

让我们一起来看看如何利用 GTO 求解器了解不同策略之间的 EV 差距，我们也许会惊讶地发现，一些不起眼的小错误会带来多么严重的后果。

翻牌前错误

让我们从一个简单的例子开始。这是 40 个大盲的有效筹码深度下枪口位玩家的开池范围（见图 4）。

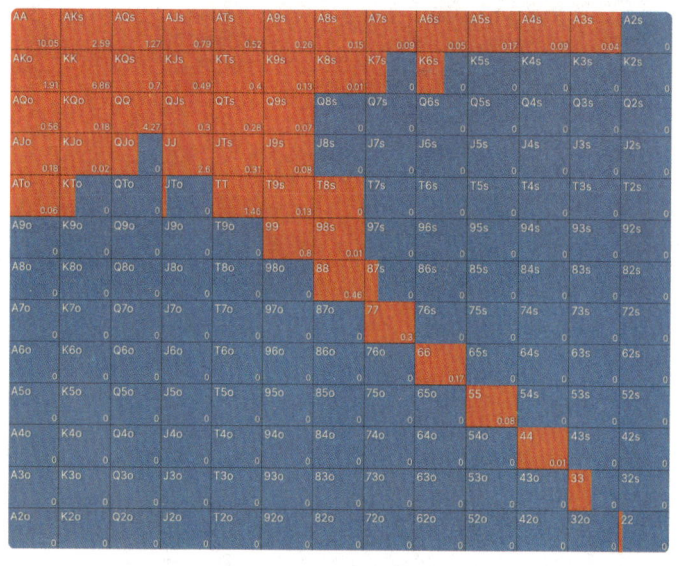

图 4　40 个大盲有效筹码深度下枪口位玩家的开池范围

我们已经可以在这个图中看到各手牌的 EV。正如你所看到的，AA 的收益非常高，平均可以获得 10.05 个大盲，而 44 几乎收支平衡，只获得 0.01 个大盲。

我们不玩的手牌，比如 Q8s，显然 EV 为零。

当我们把鼠标悬停在具体手牌上时，求解器会为我们提供可以选择的每个动作的具体 EV（见图 5）。

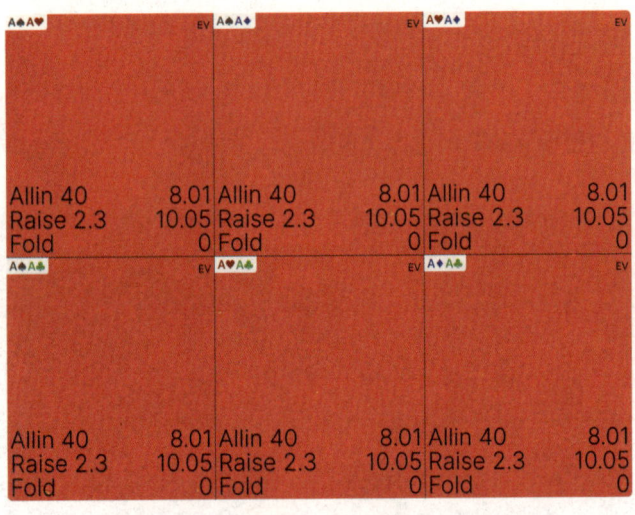

A♠A♥	EV	A♠A♦	EV	A♥A♦	EV
Allin 40	8.01	Allin 40	8.01	Allin 40	8.01
Raise 2.3	10.05	Raise 2.3	10.05	Raise 2.3	10.05
Fold	0	Fold	0	Fold	0
A♠A♣	EV	A♥A♣	EV	A♦A♣	EV
Allin 40	8.01	Allin 40	8.01	Allin 40	8.01
Raise 2.3	10.05	Raise 2.3	10.05	Raise 2.3	10.05
Fold	0	Fold	0	Fold	0

图 5　AA 的 6 种组合不同策略的 EV 比较

正如你所看到的，用 AA 全下是有利可图的，平均可以让我们获得 8.01 个大盲，但用 AA 加注 2.3 个大盲收益更高。很显然，当我们拿着 AA 时，我们希望对手跟注，而不是吓跑他。

有些牌，比如 Q9s（见图 6），2.3 个大盲加注入池的 EV 是 0.07 个大盲，而全下则让我们损失 0.87 个大盲。两个动作之间的 EV 差异是 0.94 个大盲。这是因为像 Q9s 这样的牌在翻牌后打得很好，但如果我们遇到再加注，我们可能会弃牌。当我们用 Q9s 全下时，我们只会被遥遥领先的牌跟注，从而使 EV 变为负值。

	EV		EV
Q♠9♠		Q♥9♥	
Allin 40	-0.87	Allin 40	-0.87
Raise 2.3	0.07	Raise 2.3	0.07
Fold	0	Fold	0
Q♦9♦	EV	Q♣9♣	EV
Allin 40	-0.87	Allin 40	-0.87
Raise 2.3	0.07	Raise 2.3	0.07
Fold	0	Fold	0

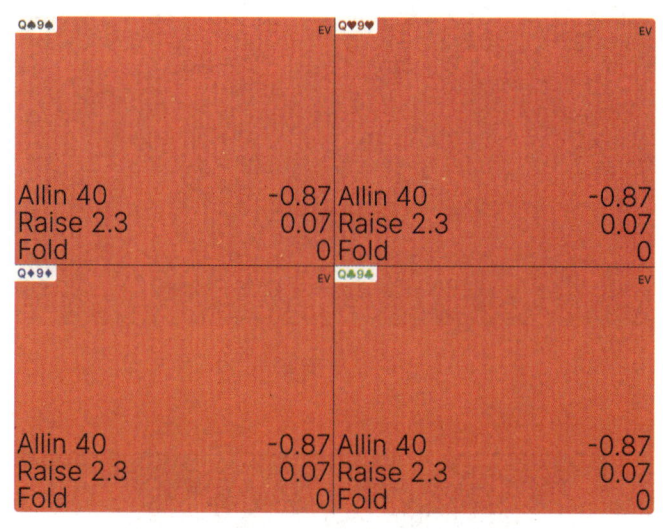

图 6　Q9s 翻牌前不同策略的 EV 比较

在上面两个例子中，不同策略导致的结果的区别是很明显的。但有些边缘手牌结果的差异往往难以凭直观感觉得到准确的答案。

举个例子，如图 7 所示，ATo 加注入池可以让我们获得 0.06 个大盲。让我们将其与仅超出范围 1 个"点"的手牌 A9o 进行比较（见图 8）。

A♠T♥	EV	A♠T♦	EV	A♠T♣	EV
Allin 40	-0.87	Allin 40	-0.87	Allin 40	-0.87
Raise 2.3	0.06	Raise 2.3	0.06	Raise 2.3	0.06
Fold	0	Fold	0	Fold	0

A♥T♠	EV	A♥T♦	EV	A♥T♣	EV
Allin 40	-0.87	Allin 40	-0.87	Allin 40	-0.87
Raise 2.3	0.06	Raise 2.3	0.06	Raise 2.3	0.06
Fold	0	Fold	0	Fold	0

A♦T♠	EV	A♦T♥	EV	A♦T♣	EV
Allin 40	-0.87	Allin 40	-0.87	Allin 40	-0.87
Raise 2.3	0.06	Raise 2.3	0.06	Raise 2.3	0.06
Fold	0	Fold	0	Fold	0

A♣T♠	EV	A♣T♥	EV	A♣T♦	EV
Allin 40	-0.87	Allin 40	-0.87	Allin 40	-0.87
Raise 2.3	0.06	Raise 2.3	0.06	Raise 2.3	0.06
Fold	0	Fold	0	Fold	0

图 7　ATo 翻牌前不同策略的 EV 比较

A♠9♥	EV	A♠9♦	EV	A♠9♣	EV
Allin 40	-1.26	Allin 40	-1.26	Allin 40	-1.26
Raise 2.3	-0.08	Raise 2.3	-0.08	Raise 2.3	-0.08
Fold	0	Fold	0	Fold	0

A♥9♠	EV	A♥9♦	EV	A♥9♣	EV
Allin 40	-1.26	Allin 40	-1.26	Allin 40	-1.26
Raise 2.3	-0.08	Raise 2.3	-0.08	Raise 2.3	-0.08
Fold	0	Fold	0	Fold	0

A♦9♠	EV	A♦9♥	EV	A♦9♣	EV
Allin 40	-1.26	Allin 40	-1.26	Allin 40	-1.26
Raise 2.3	-0.08	Raise 2.3	-0.08	Raise 2.3	-0.08
Fold	0	Fold	0	Fold	0

A♣9♠	EV	A♣9♥	EV	A♣9♦	EV
Allin 40	-1.26	Allin 40	-1.26	Allin 40	-1.26
Raise 2.3	-0.08	Raise 2.3	-0.08	Raise 2.3	-0.08
Fold	0	Fold	0	Fold	0

图 8　A9o 翻牌前不同策略的 EV 比较

第三章 期望值——德州扑克核心概念

如果我们在枪口位置加注了 A9o，在没有求解器之前，我们也许能感觉到这是个错误，但我们也可以安慰自己说，这已经"接近"最佳策略了，没什么大不了的。但实际上，这是一个巨大的错误。

用 A9o 加注入池会损失 0.08 个大盲，和 ATo 的差别是 0.14 个大盲，这在德州扑克里是一个不小的差距。因此，如果在范围底部出现一个"点"的错误，代价将相当大。如果你总是在这个位置犯这种错误，那么从长远来看，这是一个 14 个大盲 /100 手的错误。我们要明白，德州扑克是一个在反复博弈中追求收益最大化的游戏，即便一个小错误，在大样本中不断叠加之后，也可能导致我们付出远比想象的更大的代价。

假设枪口位玩家用正确的范围加注入池，其他人弃牌，轮到大盲位玩家决策，图 9 是大盲位玩家不同策略的比较。

正如我们所看到的，大盲位玩家继续防守其范围的一半以上，因为他获得了不错的跟注价格。如果你不熟悉这些翻牌前的图表，这是一个很好的起点。

🟥 加注　🟩 跟注　🟦 弃牌

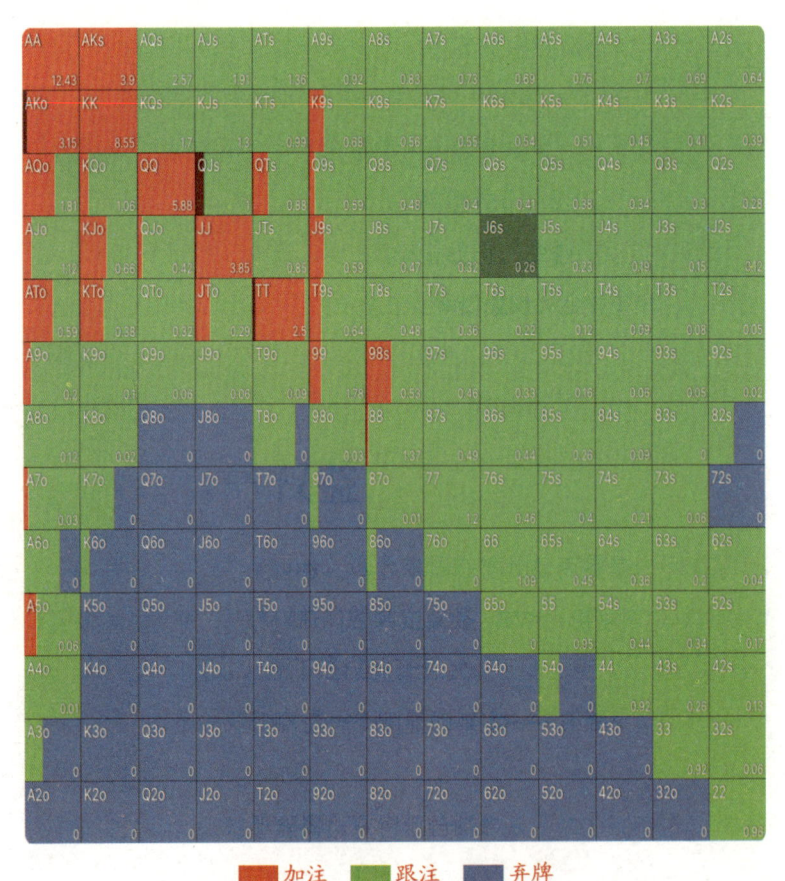

图 9　大盲位玩家对枪口位玩家加注不同策略的比较

拿 J6s（见图 10）这样看似很弱的牌来说，跟注和弃牌之间的区别相当显著，有 0.26 个大盲的差异，这比我们在前面的例子中看到的差异更大。弃牌可能看起来是"安全"的选择，但这样做是在烧钱，这是一个 26 个大盲 /100 手的错误。

J♠6♠	EV	J♥6♥	EV
Allin 40	-0.7	Allin 40	-0.7
Raise 9.2	0.07	Raise 9.2	0.07
Call	0.26	Call	0.26
Fold	0	Fold	0
J♦6♦	EV	J♣6♣	EV
Allin 40	-0.7	Allin 40	-0.7
Raise 9.2	0.07	Raise 9.2	0.07
Call	0.26	Call	0.26
Fold	0	Fold	0

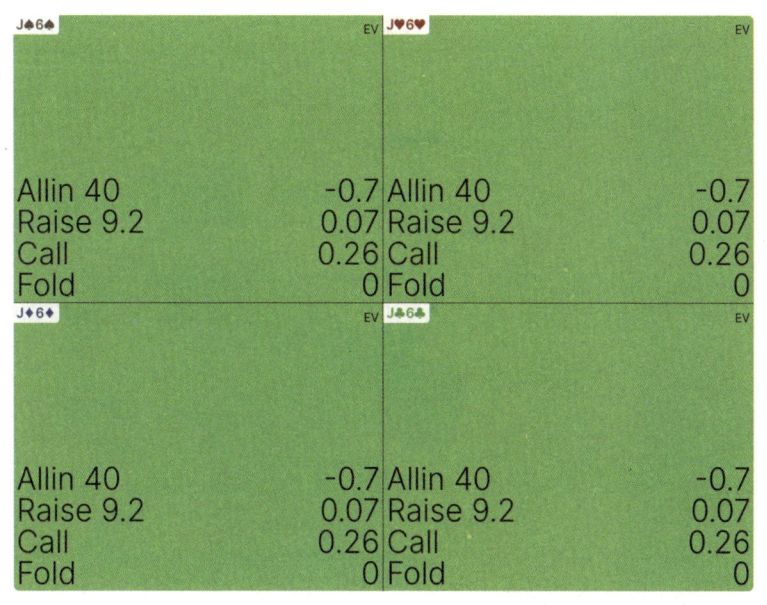

图 10　大盲位玩家手持 J6s 不同策略的 EV 比较

让我们再看一个例子：枪口位玩家加注，中间位玩家不同策略的比较（见图 11）。

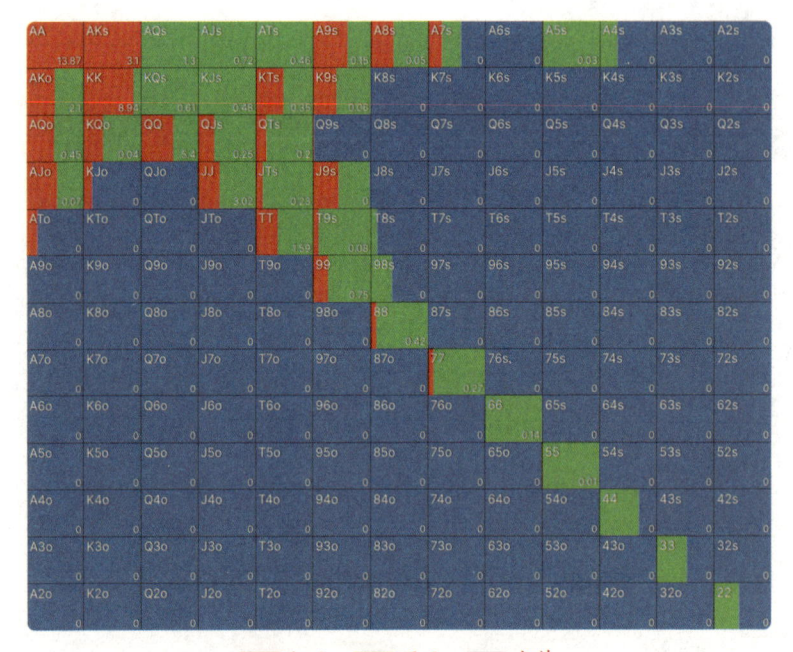

图 11 中间位玩家面对枪口位玩家加注不同策略的比较

中间位玩家可以跟注的最弱的非同花 Ace（顶尖、王牌的意思）是 AJo，EV 是 0.07 个大盲。有趣的是，ATo 不能跟注，但有时可以加注（见图 12）。

A♠T♥	EV	A♠T♦	EV	A♠T♣	EV
Allin 40	-1.16	Allin 40	-1.16	Allin 40	-1.16
Raise 6.8	0	Raise 6.8	0	Raise 6.8	0
Call	-0.11	Call	-0.11	Call	-0.11
Fold	0	Fold	0	Fold	0

A♥T♠	EV	A♥T♦	EV	A♥T♣	EV
Allin 40	-1.16	Allin 40	-1.16	Allin 40	-1.16
Raise 6.8	0	Raise 6.8	0	Raise 6.8	0
Call	-0.11	Call	-0.11	Call	-0.11
Fold	0	Fold	0	Fold	0

A♦T♠	EV	A♦T♥	EV	A♦T♣	EV
Allin 40	-1.16	Allin 40	-1.16	Allin 40	-1.16
Raise 6.8	0	Raise 6.8	0	Raise 6.8	0
Call	-0.11	Call	-0.11	Call	-0.11
Fold	0	Fold	0	Fold	0

A♣T♠	EV	A♣T♥	EV	A♣T♦	EV
Allin 40	-1.16	Allin 40	-1.16	Allin 40	-1.16
Raise 6.8	0	Raise 6.8	0	Raise 6.8	0
Call	-0.11	Call	-0.11	Call	-0.11
Fold	0	Fold	0	Fold	0

图 12　中间位玩家手持 ATo 面对枪口位玩家加注不同策略的 EV 比较

这是因为 ATo 在对抗枪口位玩家开池范围时表现不佳，但可以用来诈唬，因为它阻挡了构成范围很大一部分的强 Ax 牌。这是一个盈亏平衡的诈唬，但如果跟注却要损失 0.11 个大盲。用 AJo 和 ATo 跟注的差别是 0.18 个大盲。正如我们所看到的，在我们范围的底部，正确的跟注和失败的跟注之间的差异越来越大。这时如果跟注不慎，比最佳策略多出一个"点"，在大样本博弈中，我们就要损失 18 个大盲 /100 手。

接下来，让我们把两手牌之间的差距拉大一点，例如，如果我们用 A9o 跟注（见图 13），这是我们应该 100% 弃牌的最大的一手牌，实际损失的 EV 令人震惊。

A♣9♥	EV	A♣9♦	EV	A♣9♥	EV		EV
Allin 40	-1.81	Allin 40	-1.81	Allin 40	-1.81	Allin 40	-1.81
Raise 6.8	-0.31	Raise 6.8	-0.31	Raise 6.8	-0.31	Raise 6.8	-0.31
Call	-0.42	Call	-0.42	Call	-0.42	Call	-0.42
Fold	0	Fold	0	Fold	0	Fold	0
A♥9♣	EV	A♥9♦	EV	A♥9♠	EV		EV
Allin 40	-1.81	Allin 40	-1.81	Allin 40	-1.81	Allin 40	-1.81
Raise 6.8	-0.31	Raise 6.8	-0.31	Raise 6.8	-0.31	Raise 6.8	-0.31
Call	-0.42	Call	-0.42	Call	-0.42	Call	-0.42
Fold	0	Fold	0	Fold	0	Fold	0
A♦9♣	EV	A♦9♥	EV	A♦9♠	EV		EV
Allin 40	-1.81	Allin 40	-1.81	Allin 40	-1.81	Allin 40	-1.81
Raise 6.8	-0.31	Raise 6.8	-0.31	Raise 6.8	-0.31	Raise 6.8	-0.31
Call	-0.42	Call	-0.42	Call	-0.42	Call	-0.42
Fold	0	Fold	0	Fold	0	Fold	0
A♠9♣	EV	A♠9♥	EV	A♠9♦	EV		EV
Allin 40	-1.81	Allin 40	-1.81	Allin 40	-1.81	Allin 40	-1.81
Raise 6.8	-0.31	Raise 6.8	-0.31	Raise 6.8	-0.31	Raise 6.8	-0.31
Call	-0.42	Call	-0.42	Call	-0.42	Call	-0.42
Fold	0	Fold	0	Fold	0	Fold	0

图 13 中间位玩家手持 A9o 面对枪口位玩家加注不同策略的 EV 比较

用 AJo 跟注使我们赢得 0.07 个大盲，用 A9o 跟注使我们损失 0.42 个大盲，两者之间的差异是 0.49 个大盲。这很重要，在大样本中，如果我们继续犯这种错误，那么这是 49 个大盲 /100 手的错误。既然玩错一手边缘牌结果都如此糟糕，如果跟注更多更差的牌，结果可想而知。

翻牌后错误

再举个例子，40 个大盲有效筹码，枪口位玩家开池，小盲位玩家 3Bet 底池，枪口位玩家跟注，翻牌是 J♥J♦4♠。在这个翻牌圈，求解器要求小盲位玩家下注整个范围的所有手牌（见图 14），倾向于下注 25% 底池。这是一个经典的全范围下注，因为小盲位玩家具有显著的范围优势。

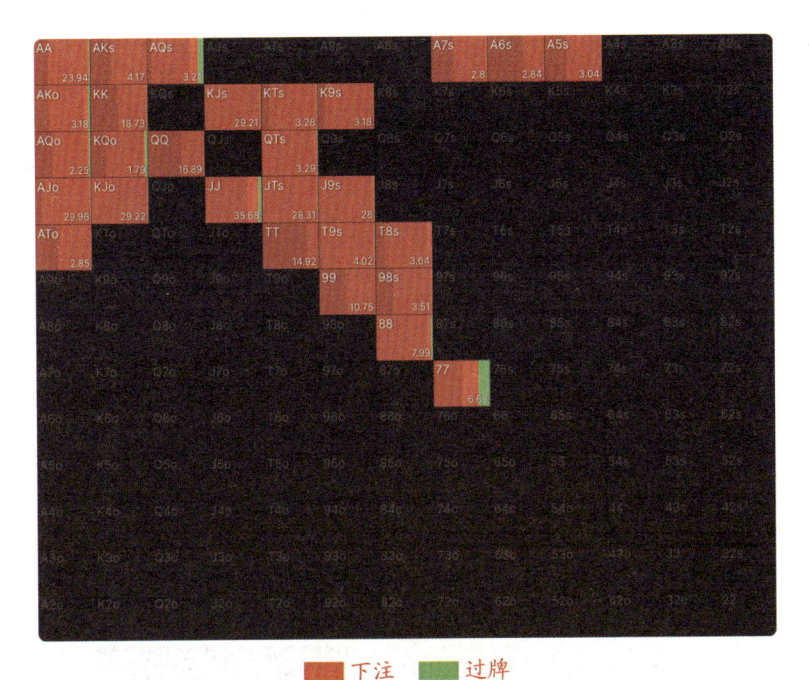

图14 小盲位玩家面对枪口位玩家3Bet底池，J♥J♦4♠牌面，小盲位玩家不同策略的比较

通过求解器我们可以发现，我们手持无论坚果牌、中等强度牌还是错过牌面的空气牌，最有利可图的行动都是全范围下注25%底池。显然，在这样的牌面下，如果8Ts放弃诈唬是一个明显的错误（见图15）。但更令人惊讶的是，用KJs下注50%底池与用KJs下注25%底池，两者之间EV差高达0.31个大盲（见图16），即31个大盲/100手。这看起来像一个小错误，但实际上是一个巨大的错误。

T♠8♠ ♠1♥2	EV	T♥8♥ ♠0♥2	EV
Bet 100%	2.42	Bet 100%	2.27
Bet 75%	2.64	Bet 75%	2.46
Bet 50%	3.63	Bet 50%	3.63
Bet 25%	3.82	Bet 25%	3.86
Bet 10%	3.74	Bet 10%	3.75
Check	3.67	Check	3.73

T♦8♦ ♠0♥2	EV	T♠8♦ ♠1♥2	EV
Bet 100%	2.27	Bet 100%	2.16
Bet 75%	2.46	Bet 75%	2.39
Bet 50%	3.63	Bet 50%	3.05
Bet 25%	3.86	Bet 25%	3.04
Bet 10%	3.75	Bet 10%	3.07
Check	3.73	Check	2.91

图 15　小盲位玩家面对枪口位玩家 3Bet 底池，J♥J♦4♠ 牌面，小盲位玩家手持 8Ts 不同策略的 EV 比较

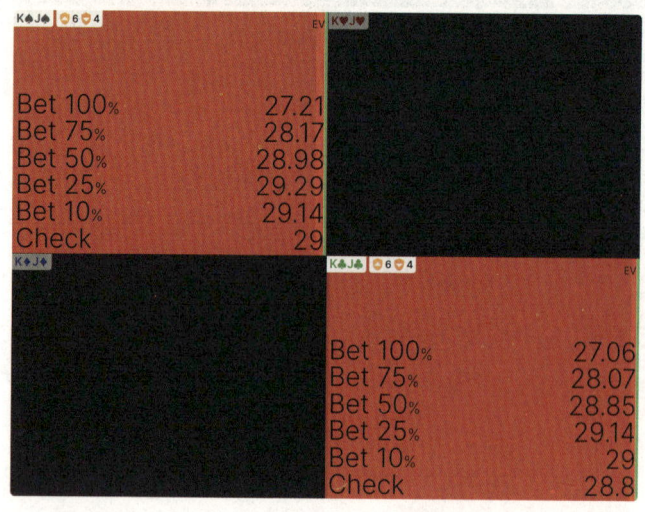

K♠J♠ ♠6♥4	EV	K♥J♥	EV
Bet 100%	27.21		
Bet 75%	28.17		
Bet 50%	28.98		
Bet 25%	29.29		
Bet 10%	29.14		
Check	29		

K♦J♦	EV	K♣J♣ ♠6♥4	EV
		Bet 100%	27.06
		Bet 75%	28.07
		Bet 50%	28.85
		Bet 25%	29.14
		Bet 10%	29
		Check	28.8

图 16　小盲位玩家面对枪口位玩家 3Bet 底池，J♥J♦4♠ 牌面，小盲位玩家手持 KJs 不同策略的 EV 比较

假设我们下注 25% 底池，枪口位玩家策略如图 17 所示。

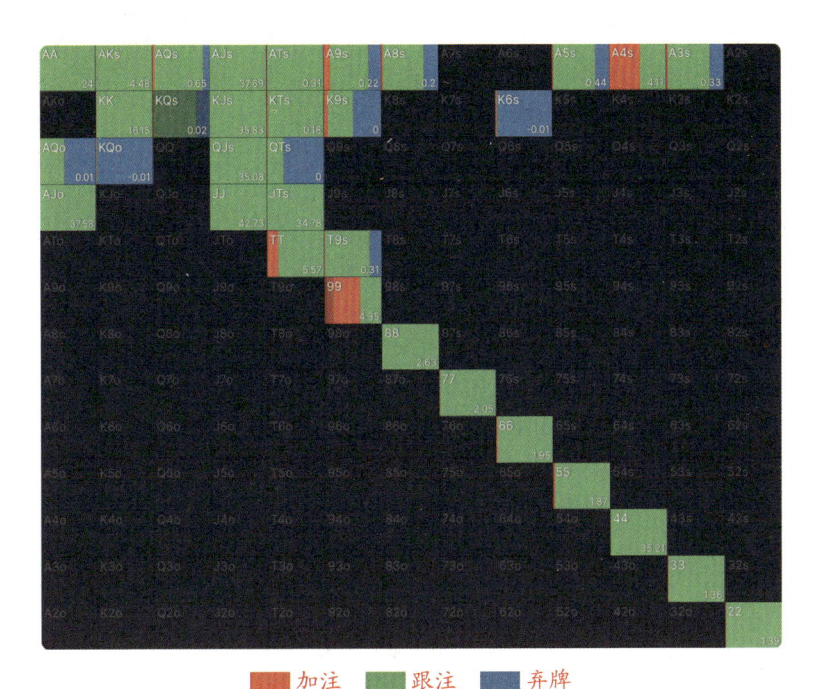

🟧 加注　🟩 跟注　🟦 弃牌

图 17　小盲位玩家面对枪口位玩家 3Bet 底池，J♥J♦4♠ 牌面，枪口位玩家面对小盲位玩家全范围下注不同策略的比较

大多数牌会继续跟注，因为小盲位玩家下注尺度很小，而且在这种牌面下，两位玩家的权益都没有多大改善，因此翻牌前的手牌强度非常重要。跟注的最弱牌之一是 K♠Q♠，EV 是 0.07 个大盲（见图 18）。

K♠Q♠ ♣4♠5	EV	K♥Q♥ ♣3♠5	EV
Allin 92%	-0.48	Allin 92%	-0.39
Raise 55%	-0.63	Raise 55%	-0.49
Raise 33%	-0.34	Raise 33%	-0.25
Call	0.07	Call	0.02
Fold	0	Fold	0

K♦Q♦ ♣3♠5	EV	K♠Q♣ ♣3♠4	EV
Allin 92%	-0.39	Allin 92%	-1.68
Raise 55%	-0.49	Raise 55%	-1.18
Raise 33%	-0.25	Raise 33%	-0.71
Call	0.02	Call	0.05
Fold	0	Fold	0

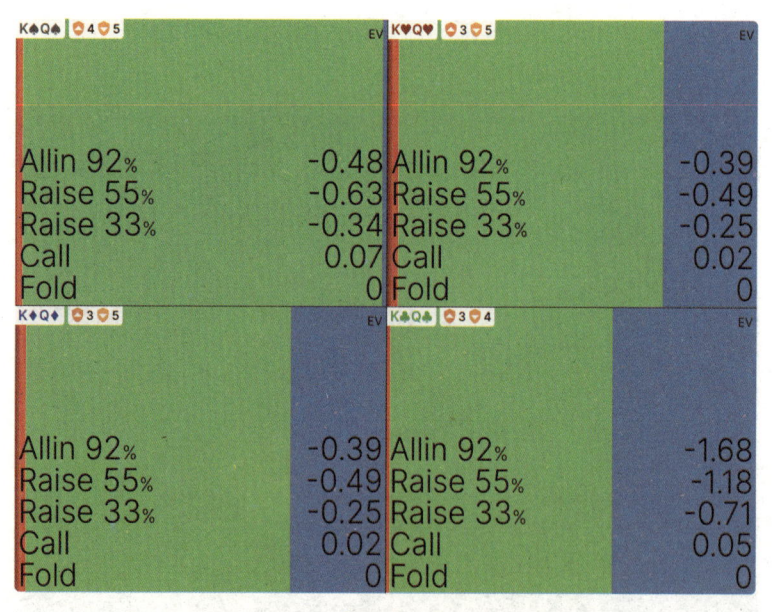

图 18　KQs 翻牌圈不同策略 EV 的比较

为数不多的弃牌之一是 KQo，如果跟注会让我们最多损失 0.71 个大盲（见图 19）。

K♠Q♥	♣4♥5	EV	K♠Q♦	♣4♥5	EV	K♠Q♣	♣3♥5	EV
Allin 92%		-1.6	Allin 92%		-1.6	Allin 92%		-1.64
Raise 55%		-0.73	Raise 55%		-0.73	Raise 55%		-0.88
Raise 33%		-0.85	Raise 33%		-0.85	Raise 33%		-0.95
Call		-0.45	Call		-0.45	Call		-0.21
Fold		0	Fold		0	Fold		0
K♥Q♠	♣3♥5	EV	K♥Q♦	♣3♥5	EV	K♥Q♣	♣3♥4	EV
Allin 92%		-1.84	Allin 92%		-1.8	Allin 92%		-1.84
Raise 55%		-0.78	Raise 55%		-0.71	Raise 55%		-0.87
Raise 33%		-0.85	Raise 33%		-0.84	Raise 33%		-0.93
Call		-0.71	Call		-0.74	Call		-0.47
Fold		0	Fold		0	Fold		0
K♦Q♠	♣3♥5	EV	K♦Q♥	♣3♥5	EV	K♦Q♣	♣3♥4	EV
Allin 92%		-1.84	Allin 92%		-1.8	Allin 92%		-1.84
Raise 55%		-0.78	Raise 55%		-0.71	Raise 55%		-0.87
Raise 33%		-0.85	Raise 33%		-0.84	Raise 33%		-0.93
Call		-0.71	Call		-0.74	Call		-0.47
Fold		0	Fold		0	Fold		0
K♣Q♠	♣3♥4	EV	K♣Q♥	♣4♥4	EV	K♣Q♦	♣4♥4	EV
Allin 92%		-1.56	Allin 92%		-1.53	Allin 92%		-1.53
Raise 55%		-0.98	Raise 55%		-0.93	Raise 55%		-0.93
Raise 33%		-0.52	Raise 33%		-0.52	Raise 33%		-0.52
Call		-0.08	Call		-0.07	Call		-0.07
Fold		0	Fold		0	Fold		0

图 19　KQo 翻牌圈不同策略 EV 的比较

如果我们研究得不够细致，仅仅看到 KQs 可以跟注，那么很容易合理化认为 KQo 跟注也不会太糟糕。但实际上，两者之间的区别高达 0.78 个大盲，也就是 78 个大盲 /100 手。从表面上看，这两手牌好像差不多，但后门同花的潜力极大地增加了 KQs 的价值。

让我们继续研究这手牌，假设枪口位玩家用正确的范围跟注，转牌是 K♠，图 20 是小盲位玩家的策略。

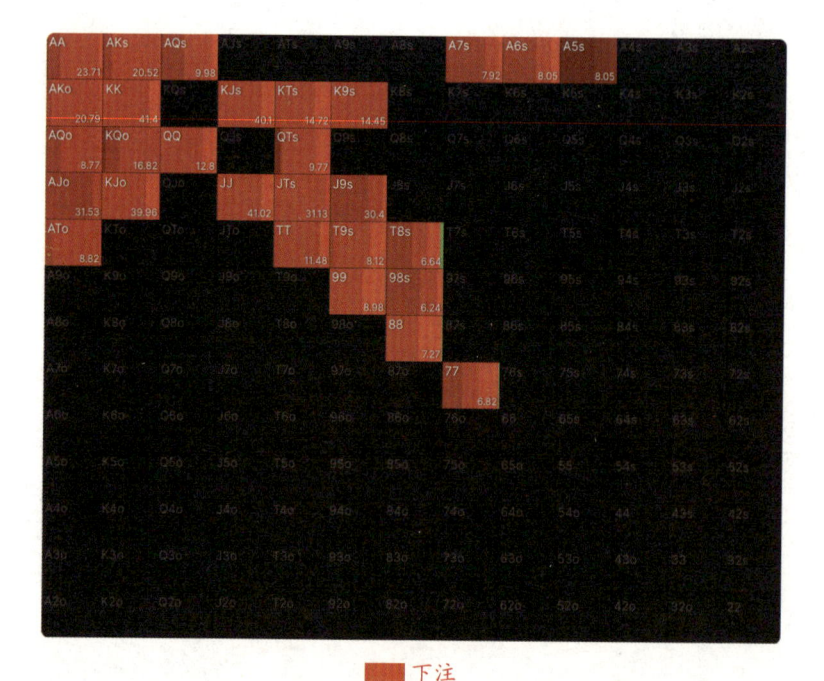

图 20 小盲位玩家面对枪口位玩家 3Bet 底池，J♥J♦4♠K♠ 牌面，小盲位玩家转牌圈不同策略的比较

　　这张牌对小盲位玩家来说是一张好牌，而且他仍然有很大的范围优势，所以策略基本上是一样的，25% 底池仍然是首选的下注大小。

　　范围优势没有任何改变，因此，无论手牌如何，首选的下注大小始终是 25% 底池。现在，剩余的 KJs 权益非常接近坚果，但仍然倾向于较小的下注尺度。下注 50% 底池和 25% 底池之间的差异为 0.95 个大盲，即 95 个大盲/100 手（见图 21）。

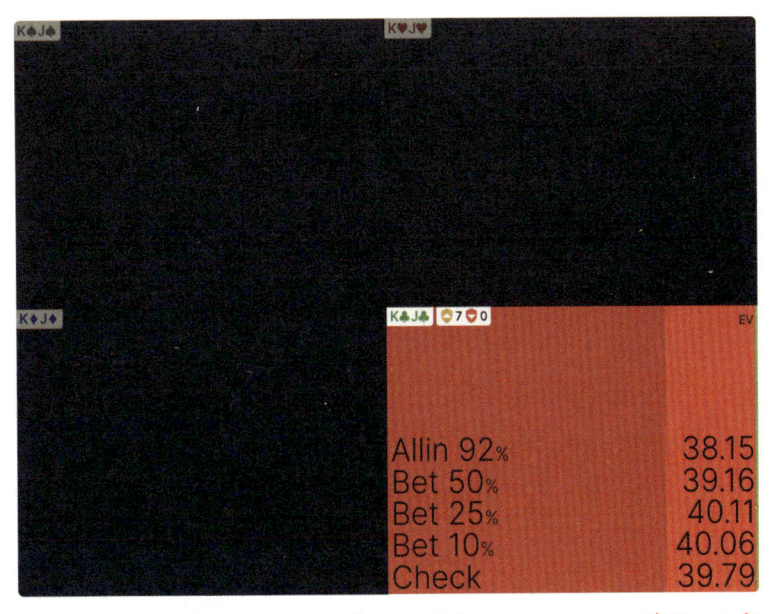

	EV
Allin 92%	38.15
Bet 50%	39.16
Bet 25%	40.11
Bet 10%	40.06
Check	39.79

图 21　小盲位玩家面对枪口位玩家 3Bet 底池，J♥J♦4♠K♠ 牌面，小盲位玩家手持 KJs 转牌圈不同策略 EV 的比较

如果我们记得在翻牌圈下注 50% 底池和 25% 底池之间的差异是 31 个大盲 /100 手，现在几乎是这个数字的三倍。这本质上是同样的战略性错误，但代价几乎是其三倍，因为转牌圈的底池比翻牌圈的更大。河牌圈的一个糟糕的跟注会让我们付出更大的代价，因为底池通常比之前的回合更大。

通过上面的观察我们可以发现，一个糟糕的跟注比一个糟糕的下注代价更大，因为底池肯定会更大，而且我们需要在摊牌时拥有更好的牌。从技术上讲，一次糟糕的弃牌不会给我们带来任何损失，但有机会成本。如果我们已经下注了筹码，这是一个特别大的机会成本。

下注错误并不是什么大问题,因为错误的下注仍然可能导致弃牌。有时错误的全下并不像错误的下注那么糟糕,因为利用整个筹码的杠杆作用会导致大量弃牌。跟注错误的代价要大得多。由于跟注不能让对手弃牌,我们必须在摊牌时拥有更好的牌,而且底池要大得多。

在锦标赛中,当 ICM 成为一个重要因素时,跟注错误的成本明显更高,因为错误的实际价值可能会增加。在玩得较大的决赛桌上,如果我们的跟注范围错误,可能会导致我们损失数十或数百倍的买入收益。如果我们在德州扑克中投入的时间有限,比起下注或者加注,跟注的策略往往更值得研究,在锦标赛中更是如此。翻牌前在研究开局 / 全下范围之前,应先深入了解跟注范围。认真研究 ICM 对于决赛桌至关重要。

第四章

权益分布与下注理论

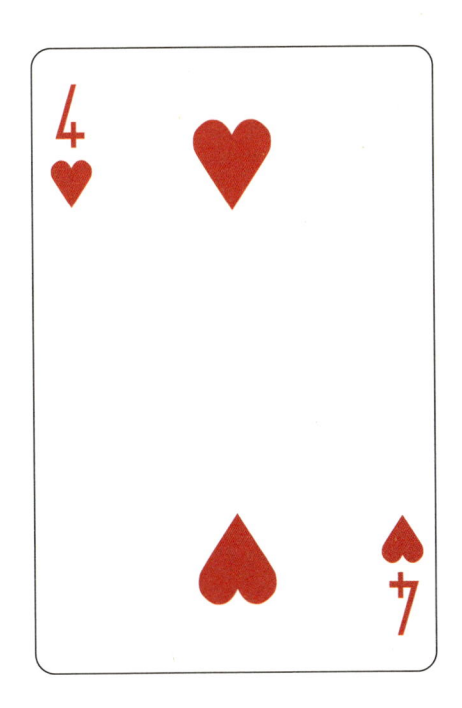

一、底池权益

底池权益是在德州扑克界中被应用最广泛的一个概念，它用来衡量一手牌或一个范围在没有后续下注的情况下能赢得的底池比例，是用来量化未来牌面的不确定性的一个指标。

计算软件可以把一手（或多手）牌或一个范围作为输入，生成 100 000 个或更多的牌面并追踪每场的获胜/失败/平局次数。在不到一秒的时间内，软件将返回一手牌或一个范围的平均输赢概率。

例如，底池权益计算器可以告诉我们翻牌前 AKo 对抗 KK 有大约 30% 的底池权益。AKo 对抗 {AK,KK,AA} 范围有大概 37% 的底池权益。如果我们在翻牌前用 AKo 面对 KK 全下，我们平均会赢得底池 30% 的份额。如果我们用 AKo 面对 {AK,KK,AA} 范围全下，我们平均可以赢得底池 37% 的份额。

通过评估我们手牌的底池权益，我们消除了最终牌面的不确定性。当然，我们并不知道我们的 AKo 在单一手牌下是赢还是输，但是我们可以给特定一手牌或一个范围的全下确定一个价格。

即使我们没有全下，知道在没有额外下注的情况下预计能赢得底池的多少份额也是有意义的。而因为有额外下注的存在，底池权益只能粗略地衡量我们能赢下底池的概率。最终我们可能会弃牌给对手的诈唬，或者我们自己诈唬成功，或者我们支付了对手的价值下注，或者我们做了一个价值下注。所有的这些可能性都会影响在翻牌前我们持有 AKo 对抗 KK 的实际价值。

权益桶

权益桶是一种对我们的范围内有多少弱牌和强牌进行分类的方

法。很多求解器都有权益桶的功能，根据对手范围的胜率，将我们的每手牌分组到一个"桶"中（见图22）。

Best hands	Good hands	Weak hands	Trash hands
75%-100%	50%-75%	33%-50%	0-33%

图 22　权益桶界面

在 J♠ 8♥ 5♥ 牌面上，双方的范围如图 23 所示。庄位玩家"最好的牌"的数量是大盲位玩家的两倍，而"最差的牌"的数量仅为大盲位玩家的三分之一。

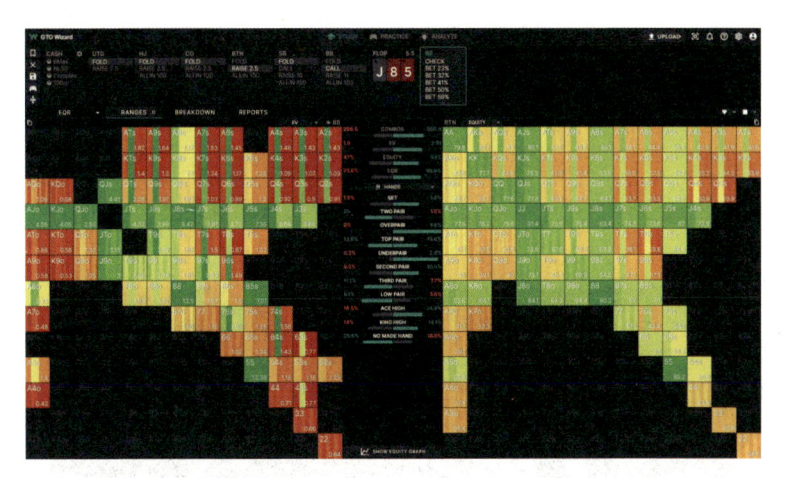

图 23　庄位玩家开池，大盲位玩家跟注，在 J♠ 8♥ 5♥ 牌面上双方的范围

有些求解器还可以使用"高级权益桶"选项将其细分为更精细的类别（见图24）。

EQ BUCKETS - ADVANCED		
0.6%	HANDS 90~100	1.2%
2.6%	HANDS 80~90	4.3%
11.1%	HANDS 70~80	14.2%
8.6%	HANDS 60~70	16.8%
17.6%	HANDS 50~60	11.5%
51%	HANDS 25~50	50.6%
8.6%	HANDS 0~25	1.4%

图 24 更为细化的"高级权益桶"界面

二、权益分布图

除了权益桶，大部分的求解器都设置了权益分布图。通过权益分布图，我们可以直观地了解哪个玩家的范围更强，以及每个玩家范围中的胜率分布（见图 25）。

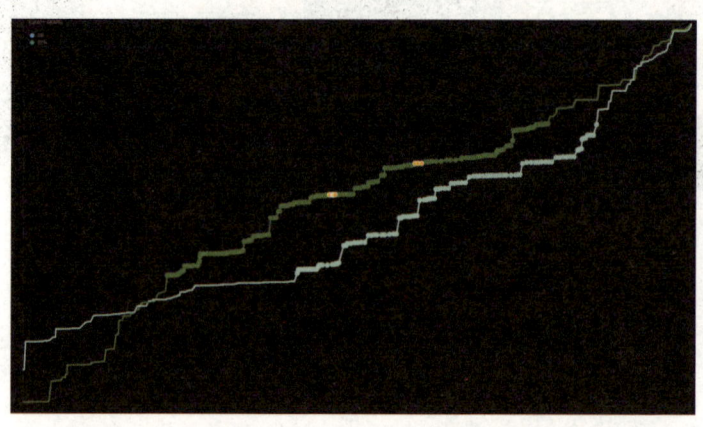

图 25 权益分布图（横轴为玩家的范围，纵轴为胜率）

我们通过观察两位玩家的权益曲线分布——谁在上面，谁在下面，以及两条线的间距有多大，来判断谁应该下注，下注的尺度是多少。

三、坚果优势与极化范围

坚果优势

坚果优势代表我们的手牌范围中比对手拥有更多的坚果牌（权益超过 80%）组合。

例如，在 K♥J♦5♦2♣ 的牌面上，庄位玩家在翻牌圈和转牌圈连续下注，河牌发出 Q（见图 26）。目前双方的权益比为 50%∶50%，不过庄位坚果优势较大。庄位玩家的范围更加两极分化，代表着有非常多的坚果牌和诈唬牌。大盲位玩家的范围主要是顶对。这种两极分化为庄位玩家带来了巨大的 EV 优势，并最终导致庄位玩家的策略以全下和过牌为主。

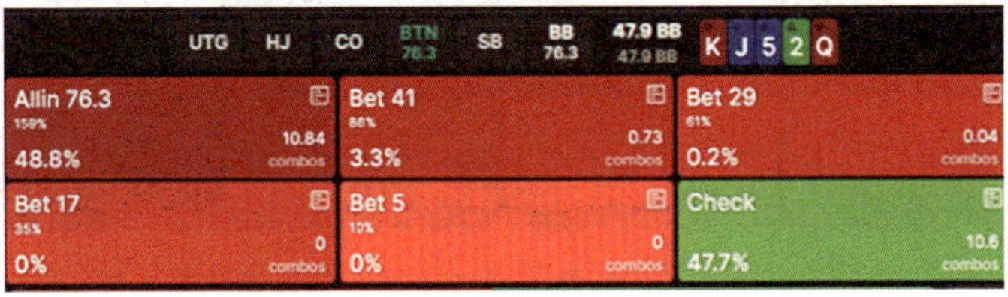

图 26　庄位玩家具有坚果优势时在河牌圈不同策略的比较

让我们观察权益分布图（见图 27）。图上这些点代表庄位玩家相对于对手范围至少有 90% 胜率的组合，也就是坚果优势。

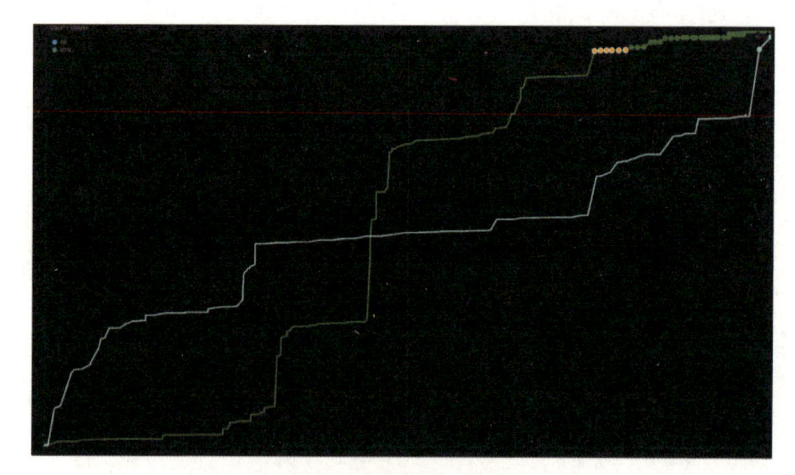

─── 庄位玩家　─── 对手

图 27　具有坚果优势特征的权益分布

坚果优势决定了庄位玩家可以极化的程度以及可以下注的大小。更大、更激进的下注会迅速缩小对手的范围，因此庄位玩家的价值牌可以在连续下注后从对手的价值牌中获取价值（见图 28）。

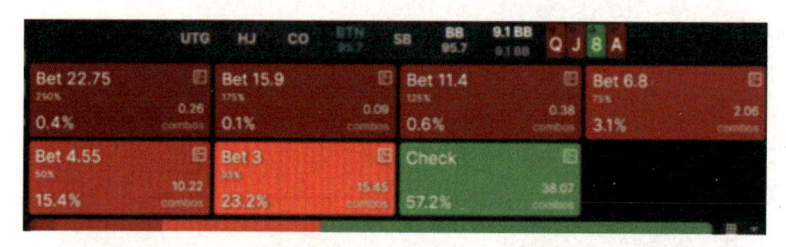

图 28　庄位玩家具有范围优势时不同策略的比较

范围优势

范围优势是德州扑克里另一个常用术语，表示整体权益分配的优势。

例如，在 Q♥J♥8♣A♥ 牌面上，庄位玩家拥有 52% 的权益。从权益分布图（见图 29）中我们可以看到，绿线绝大多数时候位于蓝线上方，顶端部分除外。这表示庄位玩家在权益分布中间具有（整体）范围优势，但缺乏坚果优势。

让我们放大权益分布图可以看到，庄位玩家大部分中等牌力的组合比对手有明显的权益优势。

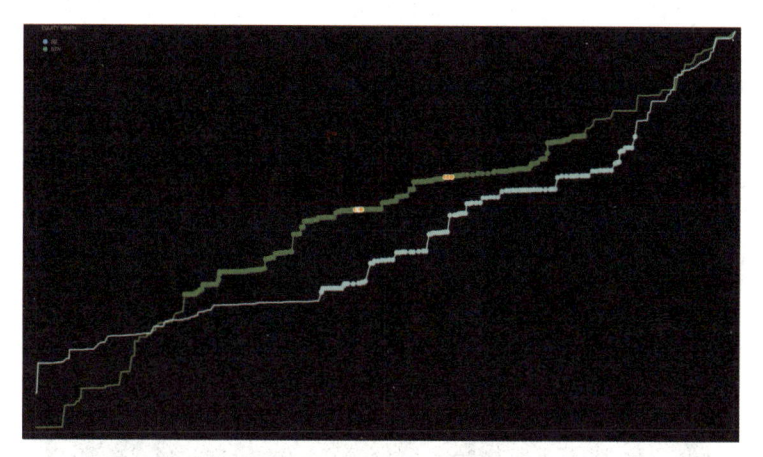

图 29 具有范围优势特征的权益分布

极化范围与紧缩范围

除了坚果优势和范围优势，在权益分布图中，我们还可以直观地理解德州扑克中的两个重要概念——极化范围与紧缩范围。

极化范围由强牌和弱牌组成，并且没有介于两者之间的牌。"要么是坚果（nuts），要么是空气（air）"，但有时候也并非那么绝对。一般来说，极化范围里的手牌应该可以被清晰地确定为做价值下注或者诈唬。当我们做价值下注时，我们应该能清晰地说出我们想让对手跟注的牌。当我们诈唬时，我们应该能清晰地说出我们想让对手放弃的牌。

紧缩范围通常由中等强度的手牌组成，在摊牌时通常会输给强牌，但是能赢弱牌。由于这些手牌能够击败对手的诈唬，但是会输给对手的价值下注，所以紧缩范围有时也会被称作抓诈范围。紧缩范围内的手牌也有可能领先对手的范围，但是如果对手在跟注了我们的下注或者加注之后，我们就不能期望它们会像超强牌那样仍然能够保持领先了。

看一下图30，蓝线代表大盲位玩家的权益分布，绿线代表庄位玩家的权益分布。谁的范围更两极分化？这条街上每个玩家的下注策略会是什么？

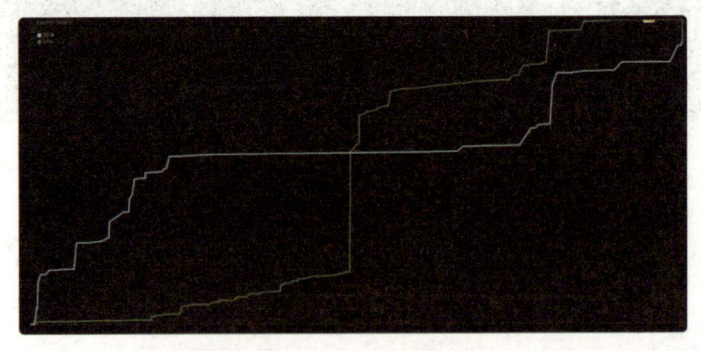

—— 庄位玩家 —— 大盲位玩家
图30　大盲位和庄位玩家的权益分布

庄位玩家有更极化的范围。请注意，庄位玩家的绿线始终远高于或远低于大盲位玩家的蓝线，仅在中间短暂相交，绿线急剧向上倾斜。这意味着庄位玩家的牌大多非常差，胜率在 0 ~ 15%；或者非常好，胜率超过 70%。绿线的垂直延伸表明庄位玩家没有持有 30% ~ 60% 权益的手牌。蓝线的中间水平部分代表中等强度的牌，胜率约为 60%，在大盲位玩家范围内占主导地位，只有少数非常好或非常差的牌处于极端态。

知道了这一点后，我们可以轻易得出大盲位玩家的策略主要以过牌为主。因为那些中等强度的牌不会从下注中受益，它们只会导致更差的牌弃牌和更好的牌跟注。他的偏好是保持底池小，进行摊牌，并且随时准备跟注一些来自庄位玩家的诈唬。

相反，庄位玩家极化的权益分布让他有非常大的动机下注，通过下注，庄位玩家可以让大盲位玩家把一部分比自己更好的牌弃掉，而庄位玩家的强牌则可以从底池变大中受益。考虑到庄位玩家的优势程度，如果筹码底池比允许的话，庄位玩家可以大尺度地下注。

图 30 是 100 个大盲有效筹码，庄位玩家与大盲位玩家在单次加注底池时的河牌权益分布图。大盲位玩家在翻牌 A♠T♥8♠，转牌 2♣ 的牌面上连续下注，河牌 6♥。

在这种情况下，大盲位玩家过牌了其范围组合的 97%，而庄位玩家用极化范围进行大额下注，将 2 倍底池的全下作为他最频繁的下注大小。

测验：将图表与翻牌牌面相匹配

现在我们已经熟悉了那些图表，让我们练习使用它们来评估各种策略。图 31 ~ 图 3-33 描绘了在 100 个大盲有效筹码的 6-Max 常规游戏中，在三个截然不同的翻牌圈（T55 彩虹面、T86 听花面和 AK6 彩虹面）单次加注底池，枪口位玩家与大盲位玩家的权益分布。看看我们是否可以确定哪个图描绘了哪个翻牌。

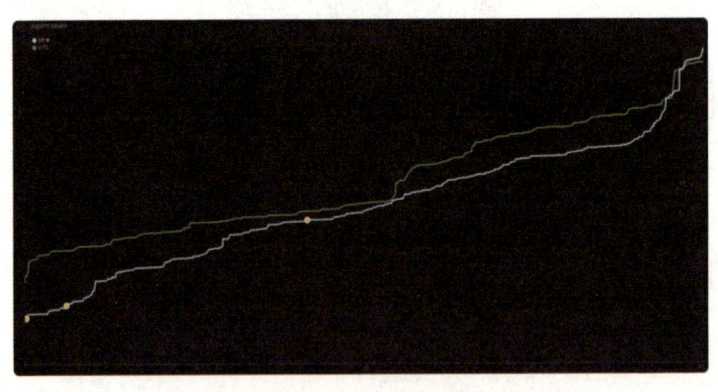

—— 枪口位玩家 —— 大盲位玩家

图 31　权益分布（一）

提示：在图 31 中，权益分布相当均匀。大盲位玩家的牌稍弱一些，但两位玩家都没有明显的范围优势，都拥有其范围内最强的牌。

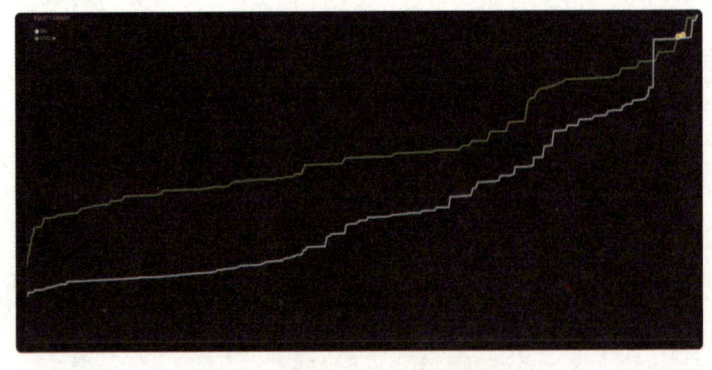

—— 枪口位玩家 —— 大盲位玩家

图 32　权益分布（二）

提示：在图32中，除了顶端之外，枪口位玩家的范围明显更强。但大盲位玩家的蓝线在95%权益左右的地方实际上超过了枪口位玩家的绿线，这表明大盲位玩家更有可能拥有最强的牌，尽管他的整体胜率处于劣势。

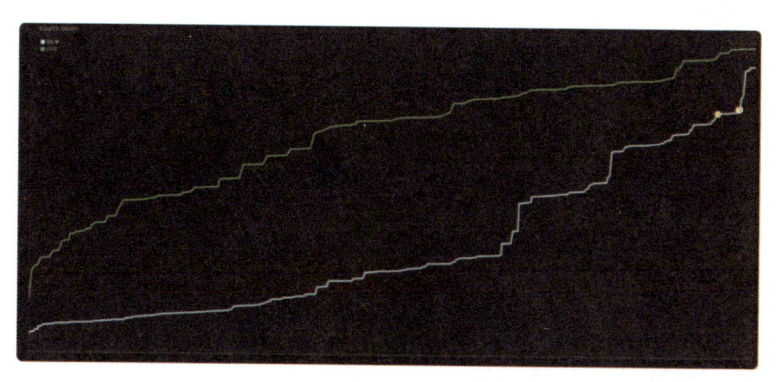

——枪口位玩家 ——大盲位玩家
图33 权益分布（三）

提示：在图33中，枪口位玩家拥有巨大的权益优势，这种优势几乎贯穿所有手牌。

现在我们来揭晓答案

图31是T86听花面的翻牌圈。三张中等牌的翻牌给大盲位玩家提供了追赶枪口位玩家更强的翻牌前范围的最佳机会，特别是当还可能有顺子和同花听牌时。两位玩家都没有巨大的动力去扩大底池，但大盲位玩家仍然处于位置劣势及轻微的权益劣势，因此他在翻牌圈过牌自己的整个范围。枪口位玩家的持续下注频率只有44%，这对于枪口位玩家来说相当低，下注大多较小，为33%或

50%底池，主要对对手范围中最弱的部分施加压力。

图32是T55彩虹面的翻牌圈。没有顺子或同花听牌，并且有公对牌面，这个翻牌圈使大盲位玩家很难在翻牌圈拥有权益优势。枪口位玩家拥有明显的范围优势，但必须小心，因为虽然大盲位玩家在其范围内有很多弱牌，但他也更有可能出现三条。因此，枪口位玩家的持续下注频率仅为50%左右，考虑到他的权益优势，这个比例很低。同样，枪口位玩家更喜欢小额下注，因为他的弱牌领先于大盲位玩家的弱牌，如果底池变得太大且范围太强，他将无法利用这一优势。

大盲位玩家在这个翻牌圈也可以进行一些反主动下注，其频率约为20%。他的坚果优势允许他开始将一些筹码主动投入底池，并剥夺枪口位玩家赢得底池的机会。

图33是AK6彩虹面，这是大盲位玩家可能遇到的最糟糕的翻牌之一。虽然大盲位玩家可以相当轻松地翻牌击中顶对，但这些牌与枪口位玩家的最佳牌相比相形见绌。大盲位玩家范围里没有AA或KK，只有很少的AK，而所有这些都在枪口位玩家的范围内。为了利用这个范围优势，枪口位玩家持续下注他的整个范围，通常是大尺度的——124%底池是他最常见的下注尺度。

四、稳定权益和非稳定权益

我们底牌的权益有多稳定对于我们制定策略有着非常重要的意义。一般来说，随着我们下注尺度由小变大，对手的防守范围由弱变强，稳定权益（Robust Equity）是随着对手范围变强也能维持稳定胜率的权益，而非稳定权益（No-Robust Equity）是随着对手范围变强而胜率迅速下降的权益。权益是否稳定不是二元对立（非此即彼）的，只是相对而言的。了解这个概念对我们掌握下注尺度有着重要意义。一般来说，拥有稳定胜率的牌拥有更多下大注的可能，而拥有非稳定胜率的牌并不希望底池过分扩大，所以策略一般以小注为主。

稳定胜率最直观的例子通常是听牌和超强成手牌。例如，假设翻牌是 T♠5♠2♣，我们就说 A♠4♠ 是一手具有稳定胜率的牌，因为对于听坚果同花而言，对手的范围有多强并不重要，顺子和坚果同花两者都有效地构成了坚果牌。因为知道即使对手的范围变强，我们的听牌仍然能成为最好的牌，我们可以凶狠地下注和加注。

在同样的牌面上，如果我们的手牌是 55（暗三条），我们也有一手具有稳定胜率的牌。随着我们继续下注或加注，对手将放弃他的弱牌，他的范围将主要由顶对、高对和强听牌组成。当然，我们的胜率会降一点点，因为对手放弃了他的 A 高牌，而他的剩余范围包括了更多超对和听牌，但我们的胜率变化不很大。即使我们把底池做大（在翻牌圈），而且对手的范围变强，我们对抗他的范围仍然保持很大的优势。

如果我们的手牌不是 55，而是 88，情况则完全不同。这是因为如果我们对手的范围宽而弱，88 将经常打败 A 高和弱对这样的牌。但随着对手的范围变强，不再由 A 高和弱对组成，88 将不可能在摊牌时获胜。因此，在这个例子中，88 明显是一手具有非稳定胜率的牌，而且我们必须小心，不要激进地下注或加注，否则随着对手的跟注范围逐渐变强，我们将越来越难以取胜（即使我们有可能迫使他放弃更好的牌）。

另一个值得注意的情况是，手牌可能既有稳定胜率，也有非稳定胜率。例如，假设我们在 J♠7♥5♠ 听花的公共牌面拿着 8♠7♠，中对买花，这手牌有很高的胜率，但哪种组合的胜率是稳定的，哪种组合的胜率是不稳定的呢？

这里，最稳定的胜率组合是同花听牌和后门顺子听牌，与之相反，非稳定胜率组合是中对（77）。此外，如果我们获得了两对或明三条，我们也有一手具有相当稳定的胜率的手牌（虽然这肯定取决于底池变得多大）。这往往会使得玩这样的牌局非常棘手，因为我们经常希望确保我们中对的胜率。在某些场合，不经思考地用这手牌加注将是个错误，因为加注后我们就不可能在摊牌时用 77 获胜（因为所有比我们差的牌都会弃牌）。

五、权益实现

权益实现（EQR）本质上衡量的是手牌的可玩性。它告诉我们，在给定情况下，相对于其胜率，一手牌的表现如何。

EQR 以百分比表示。EQR 大于或等于 100% 表示实现或超额实现了自己的权益，而 EQR 低于 100% 则表示自己的权益没有完全实现。

权益实现是权益与预期价值之间的桥梁。将一手牌的权益乘以

EQR 再乘以底池大小即可得出 EV。

$$权益 \times 权益实现 \times 底池 = EV$$

估计权益实现

权益实现并不能衡量一手牌的绝对价值。请记住：非常弱的牌常常会过度实现权益，但它们的 EV 仍然很低。然而，通过将 EQR 与对权益的粗略估计相结合，我们可以更好地了解我们的牌的实际价值，以及是否应该继续玩下去。

权益实现总是与特定环境相关的，它取决于位置、牌面结构、筹码量及每个玩家范围的构成等因素。我们不能凭空得出"A9o 的权益实现很差"这样的结论，就像我们不能得出"A9o 是一手坏牌"的结论一样。如果两个玩家在未来的回合采取均衡策略，求解器可以告诉我们确切的 EQR，但在真正的扑克游戏中这种情况很少发生，你只能估计一手牌未来的权益实现。一些有用的经验法则如下。

一般来说，具有稳定权益的牌通常比具有不稳定权益的牌更容易实现自己的底池权益。除此之外，当玩家处于不利位置时，所有手牌的 EQR 都会降低。能够在后面的回合进行价值下注或诈唬有利可图的牌具有更大的 EQR。这包括适合下注的手牌，以及牌力有潜力提高到足以进行价值下注或持有重要阻挡牌（使诈唬有利可图）的手牌。相反，中等强度牌的听牌将像中等强度成手牌一样，很难实现其底池权益。

需要注意的是，EQR 取决于我们和对手在所有下注回合的表现。一方如果错过了本应该价值下注或诈唬的机会，则将无法实现求解器预测的 EQR。如果对手错过了这样的机会，或者如果对我们的价值下注支付太少，或者对我们的诈唬弃牌太频繁，我们可能会获得比求解器预测的更大的 EQR。

此外，我们要明白，更强的范围可以实现更大权益，因为它产生更大弃牌率。较弱的范围实现的权益较小，因为它经常被迫放弃底池。当我们的范围主要由弱牌组成时，少数强牌会获得更大 EQR；同样，当我们的范围主要由强牌组成时，少数弱牌会获得更大 EQR。

六、弃牌权益

弃牌权益（Fold Equity）这个术语在德州扑克界是一个常用但含混不清的概念。弃牌权益的经典定义是：EV=（弃牌率 × 底池）。这是一个 EV 计算式，而不是权益计算式。

然而，这个定义忽略了一个明显的事实——弃牌权益与我们的手牌有关！

换句话说，让对手弃牌所获得的价值取决于他的弃牌范围与我们的牌如何相互作用。如果我们的下注只能让那些被我们主导的牌弃牌，我们的下注恐怕没有多少意义。

越小的对子越容易下注

我们先来看一个简单的例子。庄位玩家开池，大盲位玩家跟注，翻牌圈是 A22，听花面。我们从求解器给出的答案中可以轻松地发现一个规律：越小的对子往往越容易下注（见图 34）。

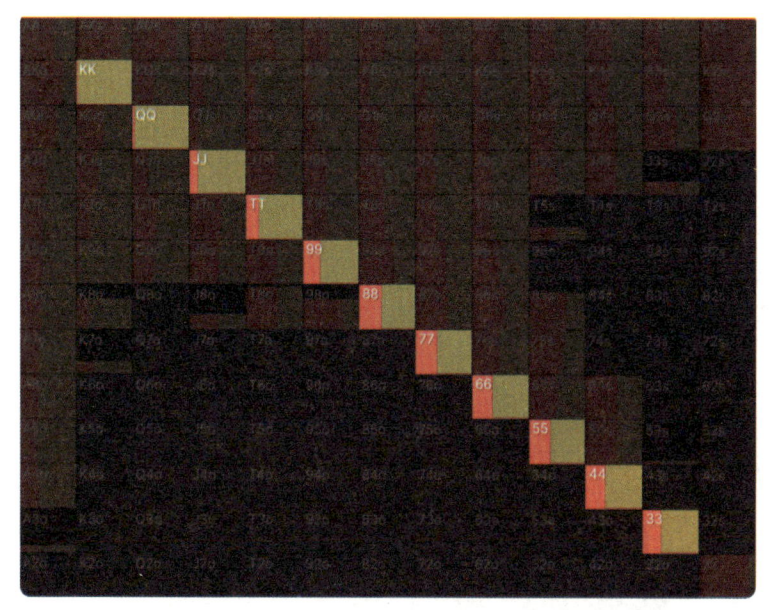

图34 A22听花面，庄位玩家持续下注策略

让我们复制大盲位玩家的弃牌范围并导入权益计算器中。图35所示是大盲位玩家面对庄位玩家持续下注后的弃牌范围对于庄位玩家具体手牌的胜率。

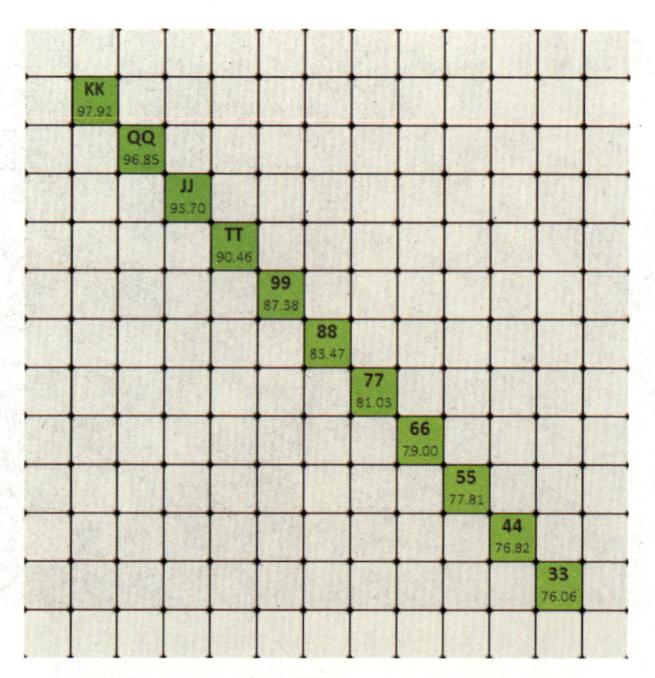

图 35 大盲位玩家面对庄位玩家持续下注后的弃牌范围对于庄位玩家具体手牌的胜率（%）

通过观察我们发现，KK 这手牌如果下注，只能让那些对 KK 胜率不到 2% 的牌弃牌。因此相对于过牌而言，KK 的弃牌权益几乎为零。如果下注只能让那些被它统治的牌弃牌，相比于下注，我们更倾向于用 KK 过牌，通过摊牌或者抓诈获胜。

另外，33 对抗可能的弃牌范围的胜率只有 76.06%，因为我们的下注会让很多高牌弃牌，这些高牌很可能会在转牌或河牌超越我们。因此，33 的弃牌权益比 KK 要高得多。

由此我们可以得出，弃牌权益会影响我们下注的动机。

脆弱的口袋对子更倾向于下注

我们再来看一个转牌的例子。牌面是 K♦8♥2♥9♦，庄位玩家开池，大盲位玩家跟注。

庄位玩家翻牌圈持续下注 33% 底池，大盲位玩家跟注。

转牌大盲位玩家过牌，庄位玩家下注 90% 底池或过牌。

在这个例子中，我们尝试用求解器的节点锁定功能模拟三种情况。

1）使用 GTO 策略

使用 GTO 策略，庄位玩家持续下注（见图 36）和大盲位玩家过牌 – 加注策略（见图 37）。

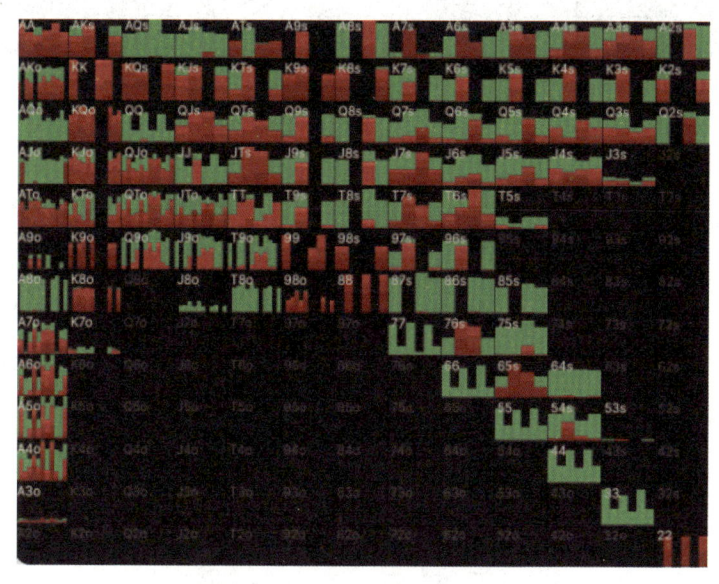

图 36　使用 GTO 策略庄位玩家持续下注

■ 加注　■ 过牌　■ 弃牌

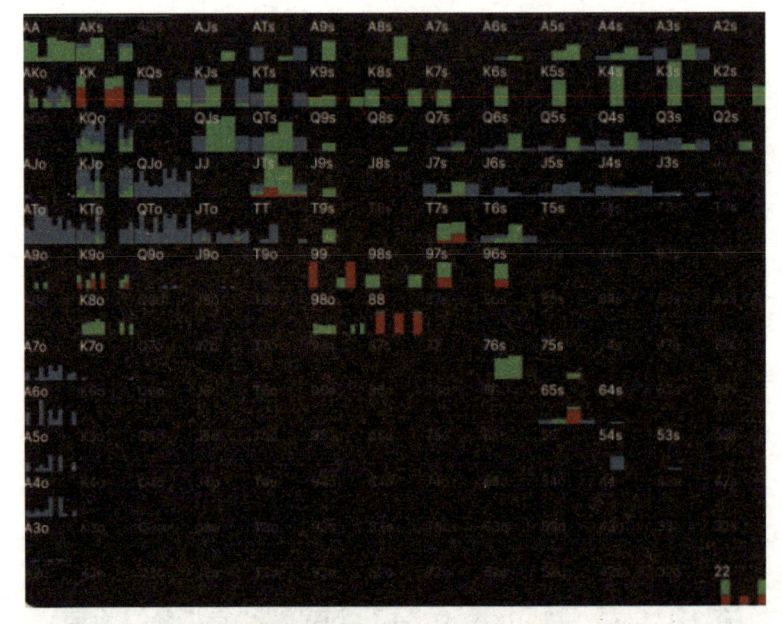

图 37　大盲位玩家面对庄位玩家持续下注的策略

2）节点锁定过牌-加注范围（以强成牌和空气诈唬为主）

现在我们用节点锁定大盲位玩家的过牌-加注范围。我们将保持价值范围相同（两对+），但删除所有诈唬/听牌并将其替换为43o。43o拥有大约5%的胜率，这接近于庄位玩家所能得到的纯粹EV为零的诈唬（见图38）。

加注　跟注　弃牌

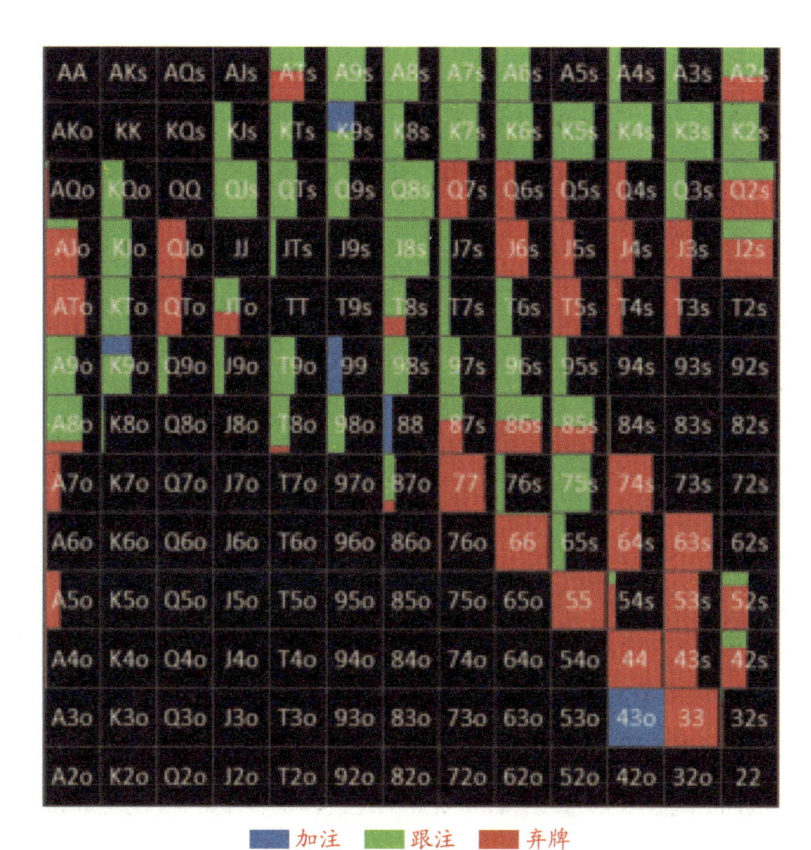

图 38　节点锁定过牌 – 加注范围（以强成牌和空气诈唬为主）

求解器发现，庄位玩家要大量地跟注（见图 39）。此外，庄位玩家永远不需要加注，因为没有必要让 43o 弃牌。相对于庄位玩家的范围，43o 没有胜率，加注只会把价值送给大盲位玩家的坚果牌，并让大盲位玩家弃掉所有的空气诈唬。

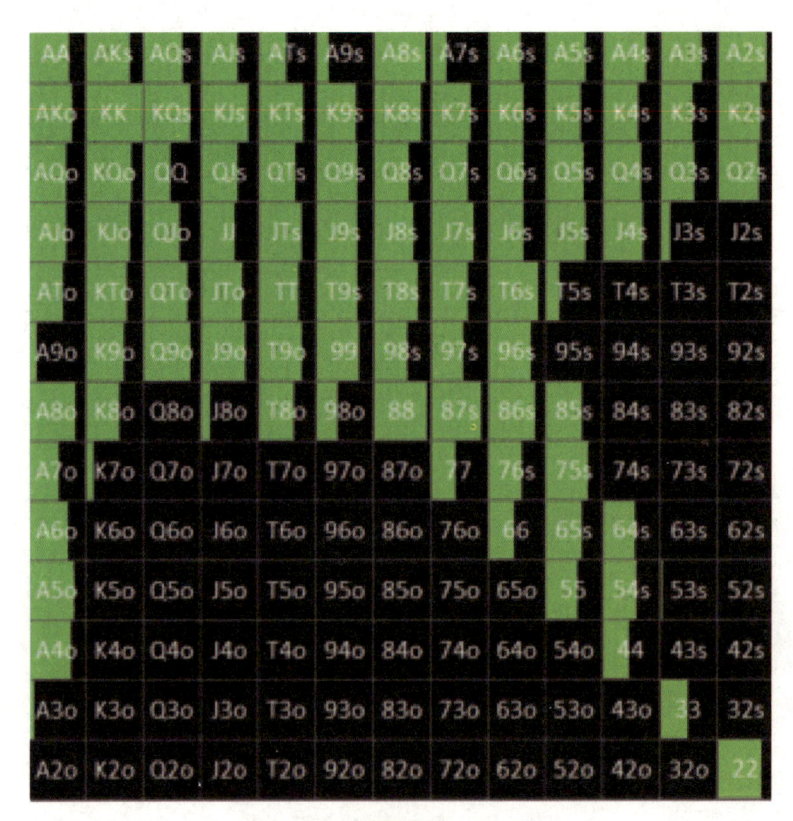

■ 跟注

图 39 节点锁定后,庄位玩家面对大盲位玩家的过牌-加注策略

3)节点锁定过牌-加注的范围(以强成牌和强听牌为主)

接下来,我们增加大盲位玩家诈唬的强度。不再使用 GTO 范围,而是将他的诈唬牌向更强的范围移动,包含许多强听牌,这些听牌相对于庄位玩家范围的顶部具有良好的胜率(见图 40)。

■ 加注　■ 跟注　■ 弃牌

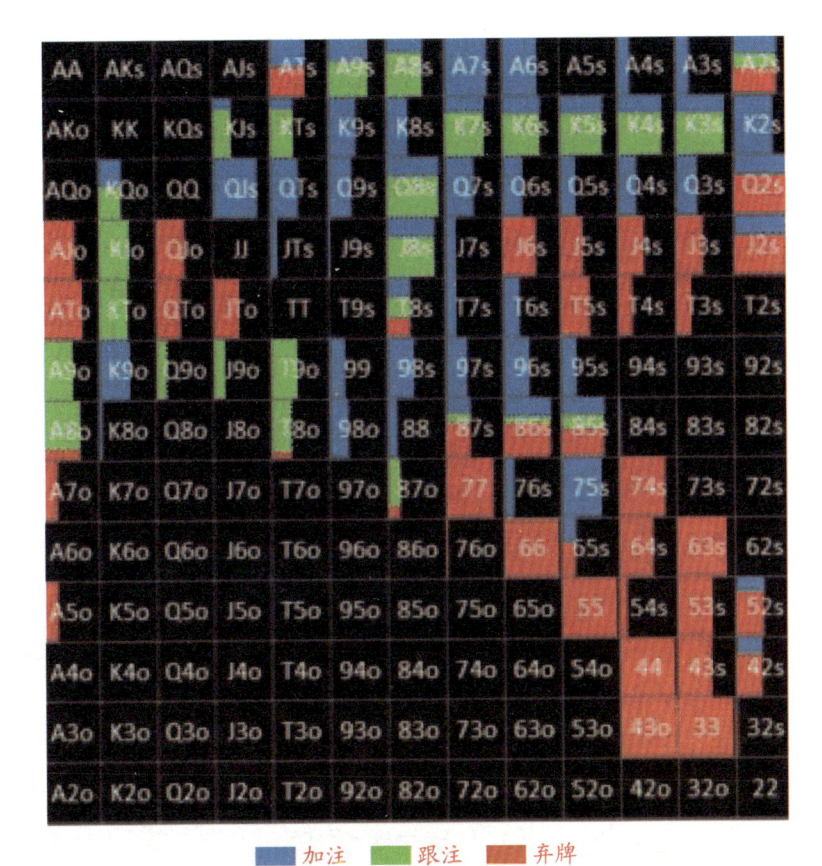

图 40　节点锁定过牌 – 加注范围（以强成牌和强听牌为主）

庄位玩家现在用加注/弃牌策略来回应这个过牌 – 加注（见图41），并且从不跟注。这是因为大盲位玩家的诈唬太强，降低了跟注的价值。此外，庄位玩家更有动力去加注对手这些强听牌，让他为实现权益付出更大的代价。

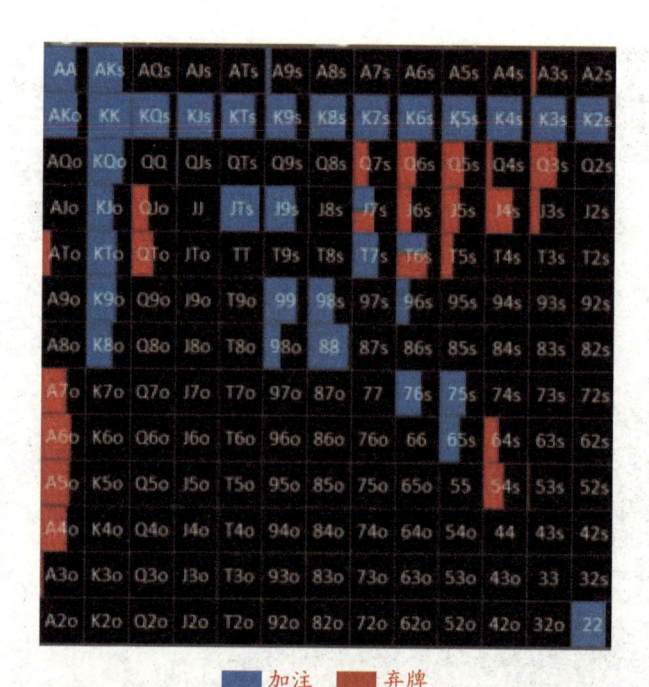

图 41 节点锁定后，庄位玩家面对大盲位玩家的过牌-加注策略

综上所述，我们可以看出，加注的价值与弃牌赢率的价值直接相关。如果对手的诈唬太弱，那么弃牌赢率的价值就会降低。最佳策略是跟注/弃牌而不加注。相反，当对手的诈唬对我们的范围顶部有太大胜率时（例如，加注太多强听牌），弃牌赢率的价值会急剧增加。这鼓励我们采取加注/弃牌策略，即使我们有时会遇到更强的牌。

弃牌赢率的价值是每个决策点都要考虑的基本因素。如果我们的对手弃掉了对我们的范围没有价值的牌，那么我们实际上并没有获得任何比过牌更大的收益。总而言之，对手弃牌范围的价值是我们再下注时必须考虑的因素。

第五章

防守策略与最小防守频率

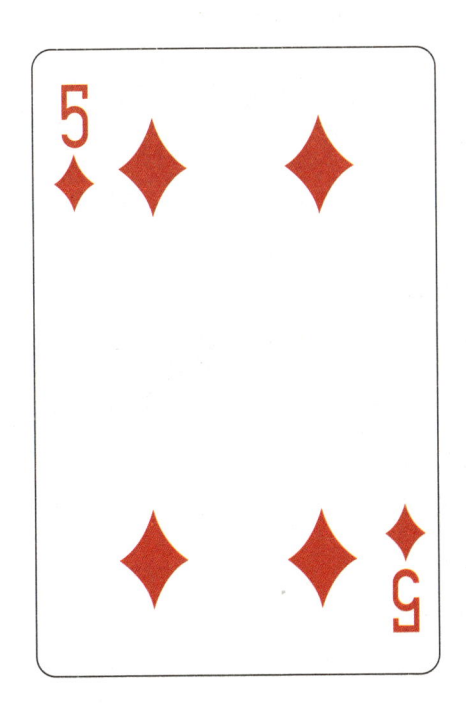

我们在前面的章节中聊过，一个错误的跟注往往比错误的下注付出的代价更大。从某种意义上讲，学习德州扑克就是学习如何防守，但令人遗憾的是，在德州扑克中，防守是个比进攻难度大得多的学问。在很多情况下，进攻方的下注策略往往与我们的直觉相差不大，但如果我们仔细研究德州扑克求解器，我们会发现，防守的策略在很多时候是反直觉的。如果不进行系统的理论研究，单凭直觉，我们可能永远也无法学会如何防守。

一、最小防守频率的基本概念

最小防守频率（MDF）是一种风险/回报计算，旨在使对手的诈唬的 EV 变为零。

MDF 和 Alpha 是扑克中的两个重要概念，用于确定面对特定的下注大小时我们需要防守的范围。MDF 的目的是确保对手手牌中 EV 为零的牌无法通过诈唬来获利。

如果我们防守得太宽，那么对手可能会通过价值下注剥削我们；但如果我们防守得太窄，对手就会用诈唬碾压我们。因此，一个好的防守策略需要足够的跟注，让对方的诈唬面临艰难的抉择。

需要注意的是，这个指标主要针对的是对手的 EV 为零的诈唬。很多时候在前几条街道，对手的诈唬往往还有少量的 EV，这使得这个指标在实践中存在一些问题，但我们还是要尝试理解它，因为它是我们防守策略依据的基础。

Alpha 的概念

如果 MDF 是我们的盾牌,那么 Alpha(α)就是我们的剑!

Alpha 的计算是逆计算,它告诉我们对手需要弃牌率是多少才能让我们的零胜率诈唬至少达到收支平衡。

Alpha 是一种风险/回报计算,旨在计算对手需要防守多少次才能让我们的诈唬不输不赢。如果对手防守的次数较少,那就太好了;如果对手防守得很频繁,也许要重新考虑我们的诈唬频率。

$\alpha=1-MDF$

$MDF=1-\alpha$

这种风险/回报计算着眼于相对于底池的下注大小,也就是计算想要使诈唬变得中立(不能被剥削,持平)所需的总体防守频率。

MDF 和 α 的计算公式非常简单。

MDF= 底池/(下注 + 底池)

α= 下注/(下注 + 底池)

例 1

我们在 100 个大盲的底池中下注 60 个大盲。求 α 和 MDF。

风险 =60 个大盲(我们在诈唬中冒 60 个大盲的风险)

收益 =100 个大盲(如果对手弃牌,我们将获得的筹码)

α= 风险/(风险 + 回报)

$\alpha=60/(100+60)$

$\alpha=37.5\%$

我们的对手需要至少以 37.5% 的频率弃牌,我们诈唬的输赢才能持平。

MDF=1−α

在这种情况下，MDF=1−37.5%=62.5%。因此，对手的防守频率为 62.5% 时我们的诈唬才能输赢持平。如果对手防守的频率小于 62.5%，我们的诈唬就会有利可图；如果对手防守的频率大于这个值，我们的诈唬就会出现亏损。

例2

我们在 100 个大盲的底池中下注 60 个大盲，对手加注至 200 个大盲。我们的 MDF 及 α 是多少？

我们的对手冒着 200 个大盲的风险赢得了底池（100+60）。

α=200/（200+160）

α ≈ 55.5%

MDF=1−α=44.5%

因此，我们需要跟注下注范围的 44.5%，以防止对手通过诈唬加注任意两张牌来获利。相反，对手需要我们放弃至少 55.5% 的下注范围，才能获得有利可图的纯诈唬。

这里我们总结了面对常见的下注尺度的 MDF，给大家做个参考（见表2）。

注意：这些数值仅适用于初始下注！MDF 和 α 在面临加注时会发生变化，并且不能仅通过下注尺度（下注筹码量与底池的比例）来确定。

表2　常见的最小防守频率

下注尺度	底池赔率	MDF	α	价值下注/诈唬
10%	8%	91%	9%	92% / 8%
25%	17%	80%	20%	83% / 17%
33%	20%	75%	25%	80% / 20%
50%	25%	67%	33%	75% / 25%
75%	30%	57%	43%	70% / 30%
100%	33%	50%	50%	67% / 33%
125%	36%	44%	56%	64% / 36%
150%	38%	40%	60%	63% / 37%

期望值计算

MDF 和 Alpha 的计算只是为了寻找盈亏平衡点。我们可以使用一个简单的期望值公式来计算纯诈唬的实际盈利能力,这也使我们能够根据对手的跟注范围来衡量盈利能力。

纯诈唬的期望值(EV_B)可以按如下公式计算:

EV_B =(弃牌率 × 底池)-(跟注率 × 下注)

底池是对手弃牌时我们获得的筹码,而我们的下注是对手跟注时我们损失的筹码。

现在,我们假设我们的诈唬在跟注时总是会失败。

例3

我们在河牌圈纯诈唬，超额下注125%底池。我们的对手跟注了其范围的40%。

我们假设底池有100个筹码。

EV_B =（弃牌率 × 底池）-（跟注率 × 下注）

EV_B =（60% × 100）-（40% × 125）=10

我们的对手过度弃牌！

那么对手需要多少弃牌率才能让我们的 EV_B 为零？

α= 风险 /（风险 + 回报）=125/225=55.5%

换句话说，如果对手防守了范围的44.5%，这种超额下注诈唬就会收支平衡。但如果对手稍微过度弃牌，我们就会变得有利可图！

让我们绘图显示弃牌率与 EV_B 的关系（见图42）。

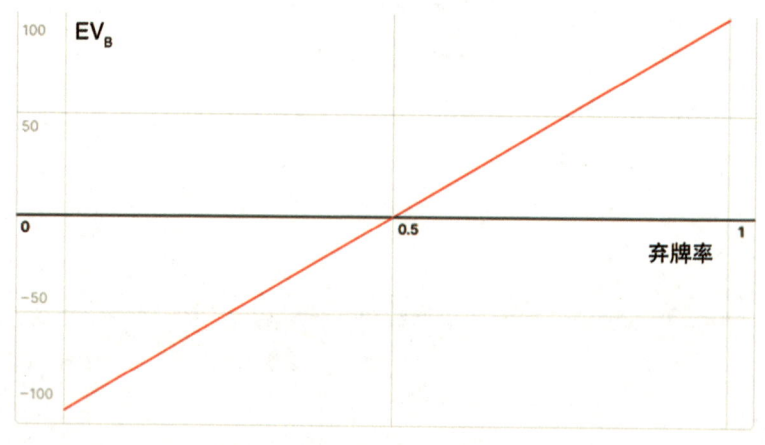

图42　弃牌率与 EV_B 的关系（一）

对手弃牌率越小（左），我们损失的 EV_B 就越大，最大可达我们所冒的风险筹码量。

对手弃牌率越大（右），我们的诈唬就变得越有利可图。EV_B 达到底池的大小。我们可以在（0，-125）和（1，100）之间画一条直线，该线与横轴的交叉点代表我们的诈唬达到收支平衡所需的对手弃牌率。在本例中，$α$ 为 55.5%。

让我们给这张图上色（见图 43）。

在右侧，我们可以看到在 $+EV_B$ 区域，我们的对手弃牌率超过 55.5%。在左侧，我们可以看到在 $-EV_B$ 区域，对手弃牌率低于 55.5%。

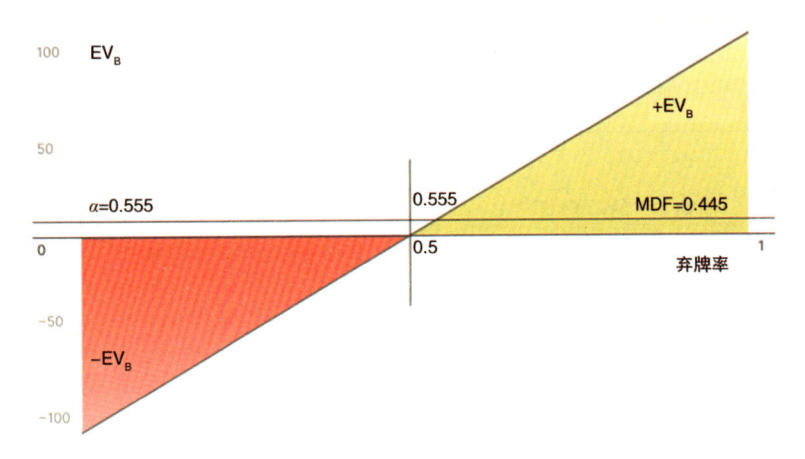

图 43 弃牌率与 EV_B 的关系（二）

二、MDF 的局限性

我们之前讲过，MDF 假设对手的诈唬没有赢率。

在大多数情况下，这并不符合现实。在真正的德州扑克游戏中，诈唬通常在河牌圈之前有一些权益。那么这会对 MDF 有什么影响呢？

当对手过牌有权益时

让我们回想一下我们制定策略的初衷。我们制定策略的时候并不仅仅针对对手 EV 为零的诈唬。当面对有诈唬权益的诈唬，我们就不再试图让对手的 EV=0。相反，我们的目标是让那些诈唬在下注和过牌之间变得中立（不输不赢）。

例如，如果我们的对手在河牌圈用成手牌进行诈唬，那么我们应该只对能够击败诈唬的牌应用 MDF。对于不是抓诈牌，MDF 是没有意义的，因为无论如何对手都会输给随后的过牌。

例子

对手在河牌圈时下注一个底池，对手的一些诈唬组合有 20% 的权益。作为防守方，我们应该防守多宽才能让对手的诈唬变得不输不赢？

我们的目标是使对手诈唬的 EV 等于过牌的 EV。我们知道对手过牌的 EV 是 20% 底池。

EV（诈唬）=20%×底池 =（弃牌率 × 底池）-（跟注率 × 下注）

20%=（1- 跟注率）- 跟注率

跟注率 =40%

如果这是权益为 0 的诈唬，则 MDF 是 50%。但是由于对手的诈唬有一定的权益，我们可以超额弃牌并只防守 40%。换句话说，我们可以给对手一个有利可图的诈唬，因为他的诈唬本身就存在权益。

我们的目标是让对手诈唬的 EV 等于过牌的 EV。

当对手用听牌诈唬时

如果对手在转牌圈全下一整个底池，其诈唬牌是同花或者顺子听牌，相对于我们的跟注范围有大约 20% 的权益。用这些听牌在转牌圈过牌的 EV 也是 20% 底池。我们应该防守多宽才能使这些听牌在下注和过牌之间变得中立？

我们的目标是使诈唬的 EV 等于转牌圈过牌的 EV。我们知道对手转牌过牌的 EV 是 20% 底池。

EV（诈唬）= EV（过牌）= 20% 底池

我们需要修改 EV 方程以包含跟注时的赢率：

20% 底池 =（弃牌率 × 底池）+ 跟注率 ×［（赢率 × 下注 + 底池）－（输率 × 下注）］

20% =（1 − 跟注率）+ 跟注率 ×（20% × 2 − 80%）

跟注率 ≈ 57%

一个更直观的解释是，用听牌诈唬（与纯诈唬相比）带来的风险较小，因为其遇到跟注时拥有一定的赢率。

具有 20% 权益的听牌满底池大小的下注与纯诈唬（赢率为零）的 75% 底池的下注所产生的回报率大致相同。这就是为什么求解器经常要求在听牌较多的牌面上下更大的注。这背后的原理是求解器试图让我们的强听牌变得不能被剥削。

三、GTO 策略符合最小防守频率吗

根据求解器的报告,我绘制了 GTO 弃牌率(蓝色)与假设的 MDF 弃牌率(红色)的关系图。这些报告涵盖了全部 1755 个翻牌圈不同牌面。平均而言,大盲位玩家在翻牌圈始终对所有下注都超额弃牌。

图 44 是不利位置玩家 GTO 策略下的弃牌率与 Alpha 之间的关系(MDF=1−α)。

BB fold% vs Alpha
BB vs BTN cbet SRP - 50NL Complex GTO Wizard Reports

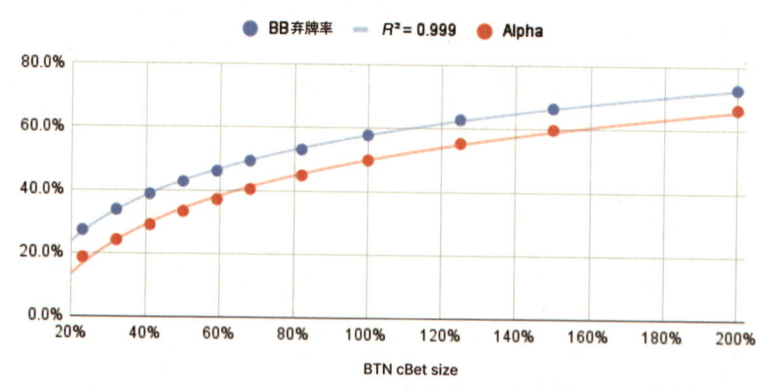

图 44 不利位置玩家 GTO 策略下的弃牌率与 Alpha 之间的关系

这是针对小盲与大盲位玩家单次加注底池所做的报告。在这种情况下,防守者处于有利位置,因此平均跟注更接近 MDF。

图45是有利位置玩家GTO策略下的弃牌率与Alpha之间的关系。

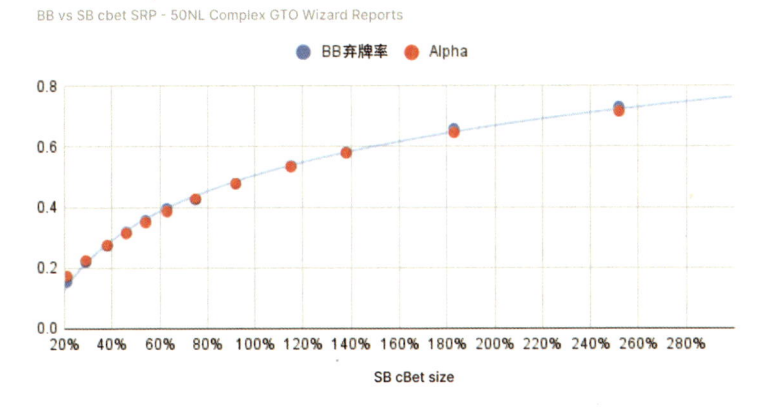

图45 有利位置玩家GTO策略下的弃牌率与Alpha之间的关系

防守不足

MDF只是理论上的最小防守频率。在实际对局中,我们并不需要每次都拘泥于最小防守频率。大多数时候,我们需要用低于MDF的策略防守。

只有在河牌的时候,对手诈唬的EV才是零。大多数时候,对手在翻牌圈和转牌圈的诈唬本身就具有一定的赢率。我们防守的目的是让这些组合在过牌和诈唬中保持中立,而不是让它们的EV变成零。如果对手的手牌组合诈唬的EV低于过牌的EV,对手就不会选择诈唬。

一般来说,在以下三种情况下,我们的防守频率应该低于MDF:

（1）我们在翻牌圈或转牌圈处于不利位置。

（2）当对手用成手牌诈唬时。

（3）对手明显诈唬不足。

举个例子。图 46 是 QQ3 彩虹面上的关煞位（CO）面对大盲位玩家的单次加注底池在翻牌圈的防守频率。大多数庄位玩家的诈唬在这个牌面上都有大量的权益和 EV。此外，大盲位玩家根本无法实现其完整的权益。因此，大盲位玩家在这个翻牌圈需要超额的弃牌率。

CO 位玩家持续下注 33% 底池。大盲位玩家如果根据最小防守频率防守，面对这个尺度的下注会防守 75% 的范围，弃牌率最多为 25%。然而观察求解器，我们发现，GTO 策略明显过度弃牌，几乎是其范围的一半！

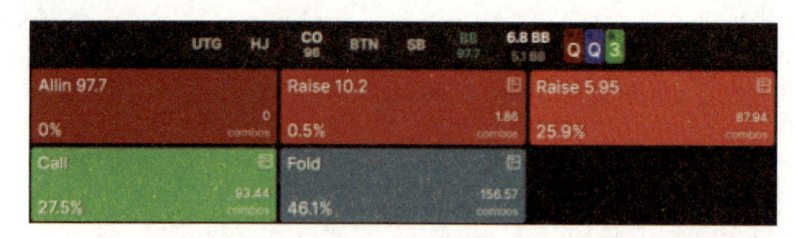

图 46 关煞位玩家面对大盲位玩家的单次加注底池，在翻牌圈的防守频率

防守过度

相对于 MDF 来说，防守过度是相当罕见的，但在理论上它确实存在。一般来说，我们会在进攻方的诈唬相对于防守方的跟注范围依然保持权益的情况下看到防守过度。当然，如果我们的对手过度诈唬，我们需要过度防守。此外，在可能分底池的牌面上，我们

也经常需要过度防守。

例如，图 47 中，庄位玩家对阵大盲位玩家 4Bet 底池时，庄位玩家在翻牌圈全下，大小为 134% 底池。根据最小防守频率，大盲位玩家应弃牌其范围的 134/234 ≈ 57%，并跟注其范围的 43%。然而求解器超额跟注了大约 10%！

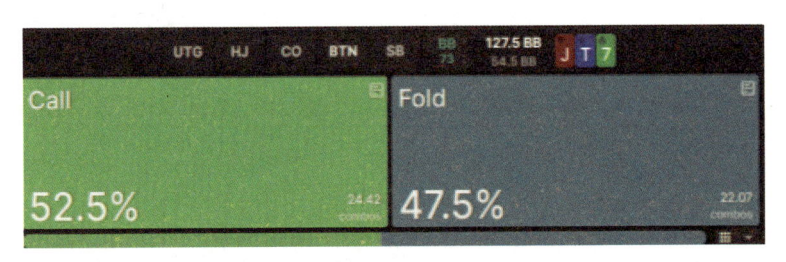

图 47　防守过度的一种特殊场景

最小防守频率是一个盾牌，用于防止对手用诈唬碾压我们。Alpha 是一把剑，用于确定我们需要对手的弃牌率，以证明在一定下注大小下冒诈唬的风险是否合理。

MDF 这个指标并不完美，因为它假设诈唬没有价值。然而，它是一个有用的指标，可以帮助我们大致确定防守范围、大概的弃牌率。如果我们认为对手诈唬过度或不足，我们应该进行剥削性调整。不要盲目依赖 MDF。

四、德州扑克中的杠杆

杠杆是指一种策略，即通过在后面的回合投入较少的筹码来赢得更多筹码或减少输掉筹码的风险。当我们在翻牌圈或转牌圈跟注时，并不能保证一定会看到摊牌。有时尽管在当前回合中跟注获得了不错的价格，但由于杠杆作用的存在，我们在未来的回合中，可能会面临艰难的决定并失去应有的 EV。

极化范围是最容易从杠杆效应中获利的。如果我们预计在河牌圈下注会有利可图，那么无论是为了价值还是为了诈唬，在转牌圈下注都会更有利可图。相反，中等强度的手牌在被压缩的范围内会因为杠杆效应的存在而失去价值。如果要冒险在河牌圈做另一个艰难的决定，那么在转牌圈跟注就没那么有利可图了。

权益实现与中立（不被剥削）

杠杆是与权益实现相关的概念。当我们持有一手可以从未来行动中获益的牌时，无论是通过价值下注还是通过诈唬，增加底池都会带来额外的价值。最直观的便是，当我们有一手足够强的牌，可以在摊牌时赢得大底池时，我们便倾向于多个回合几何尺度下注，以达到在河牌圈全下的目的。同样地，如果我们预期在河牌圈诈唬很多，那么就可以在转牌圈诈唬更多。

根据前面提到的中立概念，我们的价值下注越大，我们的诈唬也自然越多。如果我们在河牌圈下注，价值下注与诈唬的正确比例会让我们的对手在用其抓鸡牌跟注和弃牌之间无区别。如我们前面提到的，如果我们下注满池，每两个价值下注搭配一个诈唬，那么对手用抓诈牌跟注的 EV 为零，就像弃牌一样。

当我们把这个概念带回到转牌圈时，事情会变得更加有趣。转牌圈游戏更加复杂，因为河牌还未发出，因此手牌的价值可能会改变。但总的来说，我们的大部分下注依旧可以清楚地被识别为价值下注或诈唬。

与河牌圈不同，转牌圈跟注并不会结束行动。我们和对手在河牌圈都必须继续维持中立，也就是说，对手无法预测到我们会不会用我们的诈唬再次下注，我们也无法预测到对手会不会用其抓鸡牌再次跟注。达到平衡的唯一方法是，我们有时在转牌圈放弃诈唬，有时在转牌圈诈唬并在河牌圈放弃诈唬，有时在两条街都诈唬。同样，对手有时必须在转牌圈弃牌，有时在转牌圈跟注，只在河牌圈我们下注时弃牌（我们可能实际上并没有下注），有时则准备好在转牌圈和河牌圈都跟注。

因此，平衡转牌圈下注策略，使对手的抓鸡牌在以下三种选择中都不能被剥削：

（1）立即弃牌。

（2）转牌圈跟注并在对手河牌圈下注时弃牌。

（3）转牌圈和河牌圈都跟注。

类似地，平衡跟注策略，使对手的诈唬在以下三种情况中维持中立：

（1）转牌圈过牌。

（2）转牌圈诈唬，然后在河牌圈放弃。

（3）转牌圈和河牌圈都诈唬。

假设我们在转牌圈下了底池大小的注，如果对手跟注这个下注，河牌圈的下注筹码与底池比为1∶1，我们可以选择全下一个底池。如果我们使用2∶1的价值下注与诈唬，对手可能会通过放弃所有抓诈牌来利用我们。尽管此下注提供与之前例子中的河牌下注相同的赔率，但转牌圈跟注并不能保证我们的对手会看到摊牌。由于河牌圈额外下注的威胁，我们必须在转牌圈更频繁地诈唬，以便让对手难于做决定。

从对手的角度思考：当他知道自己可能会在河牌圈面临另一次下注时，跟注转牌圈的大下注的感觉就会很糟糕。即使知道我们很可能在诈唬，这种感觉也很糟糕。

例子

这是锦标赛 50 个大盲有效筹码的场景。枪口位玩家与大盲位玩家单加注底池。在 A♠K♥6♦ 翻牌圈持续下注 33% 底池并被跟注后，转牌圈发出 2♣，枪口位玩家可以选择在转牌圈继续下注 125% 底池，并为河牌圈留下类似大小的下注（94% 底池）。

以下是对枪口位玩家下注范围的仔细分析（见图 48）。如果我们将顶对或更好的牌视为"价值范围"，则此类牌有 5.4 个组合（许多持有强牌的玩家会在翻牌圈下更大的注）。与此同时，枪口位玩家下注 4.2 个第三大的对子或更差的组合，所有这些都严重依赖弃牌赢率，可以合理地称为诈唬。这使得枪口位玩家的下注比例为 43%，而不是我们在只有一次下注机会的情况下下注 125% 底池时预期的 36%。

Category	Range (%)	Combos
Set	2.3	0.9
Two pair	3.5	1.3
Top pair	8.7	3.3
Second pair	0.3	0.1
Third pair	2	0.8
Low pair	1.7	0.7
No made hand	7.2	2.7
Gutshot	3.7	1.4
No draw	22	8.3

图 48　枪口位玩家下注范围

即便如此，这种下注策略使大盲位玩家在手牌与顶对一样强的情况下陷入困境。大盲位玩家的反应如图 49 所示。注意大盲位玩家有所有 Kx，甚至他的一些 Ax 在面对这种诈唬时，最终在跟注和弃牌之间是中立的。

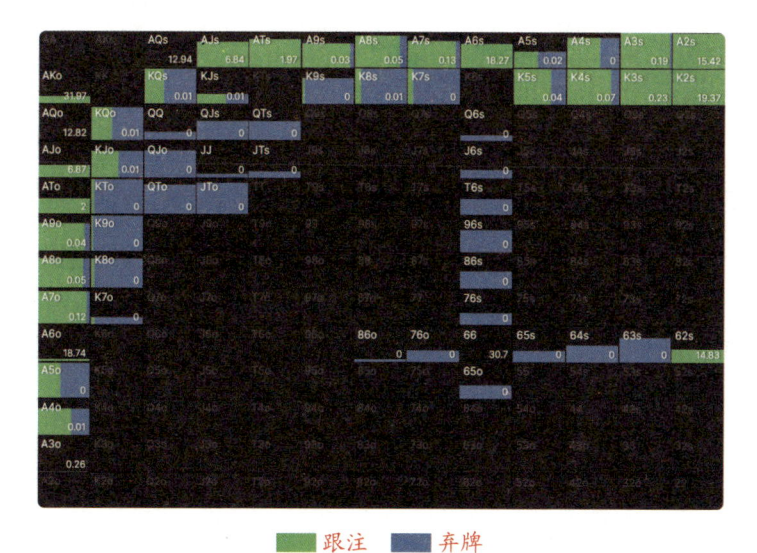

图 49　大盲位玩家面对枪口位玩家转牌圈下注的策略

所有这些中立的牌都拥有大约 50% 的胜率，但大盲位玩家无法有利可图地跟注，因为大盲位玩家将在许多河牌圈面临另一个中立的决定。

如果大盲位玩家跟注这个下注，那么在像 9♣ 这样的空白河牌上，枪口位玩家会以略小于底池大小的筹码下注，其比例更接近我们的预期：3.9 手价值牌和 1.5 手诈唬牌。如果没有未来下注的威胁，枪口位玩家就不能再进行与其价值下注不成比例的诈唬，因此并非所有这些转牌诈唬都会在河牌圈再次发生。

在河牌圈，我们可以直接讨论枪口位玩家的以下两种情况：价值下注和诈唬。但在转牌圈，则分为三类：价值下注（在大多数河牌圈会再次下注）、河牌圈不会再次下注的诈唬以及河牌圈会再次下注的诈唬。当然，具体哪些牌会再次诈唬将取决于河牌，但枪口位玩家构建了其范围，使其能够在尽可能多的河牌上拥有正确数量的诈唬。

在转牌圈，那些会在河牌圈再次诈唬的牌的作用更像在价值下注，而不像在诈唬。也就是说，它们被跟注时不一定会输掉 EV。事实上，如果它们在河牌圈诈唬成功，它们可能会通过赢得更大的底池而获得价值。因为有了杠杆作用，枪口位玩家可以下注不成比例的弱牌，这也是为什么求解器的结果中，很多牌面下的翻牌圈一方有非常高的下注频率，甚至全范围下注。经过两个回合的杠杆作用，不利位置的玩家往往很难实现其底池权益。

第六章

跟注的意义

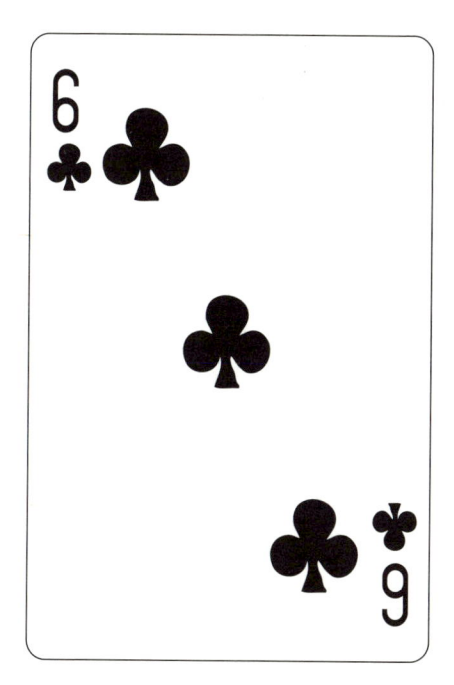

有时一手牌的价值从何而来是显而易见的。当我们用顶对跟注对手在翻牌圈的持续下注时,我们的大部分价值来自摊牌获胜,甚至可能会在后面的回合中主动进行价值下注。当我们用同花听牌跟注时,我们的大部分价值来自形成同花,并在随后的回合中下注获得价值。

当然,德州扑克没有这么简单。有时我们需要放弃顶对,甚至去诈唬。有时候,当同花听牌没中时需要诈唬,但有时则不然。如果我们没有作出正确的决定,我们将无法获得这些同花的全部价值,但仍然可以获得其中的大部分价值。

一、如何看待求解器的输出

求解器输出的结果是针对无限注德州扑克的模型,而不是我们在真实情况下实际应该做什么的完美答案。我们需要把求解器的结论当作研究游戏的起点,而不是研究的最终结果。在用求解器学习时,不仅要了解它建议用特定的手牌做什么,还要了解求解器建议这些操作背后的原因。

很多人在学习德州扑克的过程中,按照翻牌前、翻牌、转牌、河牌的顺序一条街一条街地学习,在研究完翻牌圈的所有牌面之后再研究转牌圈的牌面,最后研究河牌。我不否认这种学习方式有它的可取之处,但如果在没有全面学懂之前就贸然实践,往往会出现南辕北辙,越学输得越多的情况。这是因为在求解器给出的方案中,前几条街行动的 EV 在很大程度上取决于我们如何玩未

第六章 跟注的意义

来的街。这也是很多初学者在刚刚接触求解器时水平不升反降的原因。

例如，很多初学者可以记住并完美地复制求解器对大盲位玩家面对庄位玩家翻牌圈持续下注33%底池的策略，但他们并不知道这些牌在后面的回合中如何游戏，也自然无法获得求解器预期的EV。

如果要彻底理解前几条街行动的EV来源，就需要了解每手牌在各种牌面面对对手的各种行动时将扮演什么角色。在大多数情况下，强成手牌和听牌的角色很容易识别，并且在未来的许多情况下打法也相对直观，但也有一些时候，求解器给出的某些牌为什么出现在某些范围内，以及在接下来的回合中如何游戏并不直观，甚至违反直觉。

当我们在求解器的输出中遇到此类结果时，我们不应该简单无脑地相信求解器的答案。相反，我们应该研究求解器对后续回合的建议，直到了解这些违反直觉的操作的价值来自哪里，并确信可以处理这些棘手的问题。否则，在未来回合中犯的错误很可能会让我们付出很大代价。图50显示了在J♦6♦2♣牌面，40个大盲有效筹码，大盲位玩家面对庄位玩家翻牌圈持续下注33%底池的策略。

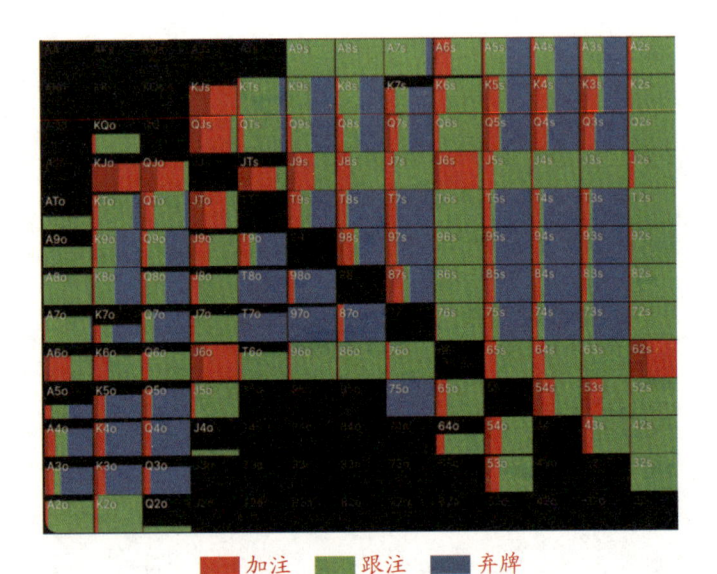

图50 在 J♦6♦2♣ 牌面，40个大盲有效筹码，大盲位玩家面对
庄位玩家持续下注33%底池的策略

其中，显而易见的是对子和同花听牌不会弃牌，但除此之外，有些手牌跟注的理由就不太明显。具有后门同花听牌的 K9o 不会弃牌，即使只有一张 9♦。53s 也不会弃牌，即使没有后门同花听牌。难道求解器只是为了追求卡顺或后门听牌才跟注这些牌吗？

不。求解器不建议只是为了追逐这些手牌在后面回合中击中牌而跟注，尽管这是很大一部分价值的来源。这些牌还可以从击中对子（甚至 53s 也有机会通过击中对子获胜）和诈唬中获得价值。

当我们（大盲位玩家）在翻牌圈用 53s 跟注，如果击中了顺子或同花当然有价值，但这种情况很少发生。诈唬或击中对子的价值要低得多，但这种情况发生得更频繁。单独这些 EV 都不值得跟注，但它们各自贡献了足够的 EV 碎片，用 53s 跟注应该比弃牌价值多约 1 个大盲，前提是我们得知道如何在后面的回合继续游戏。我们可以可视化这种"价值组合"，如图 51 所示。击中卡顺的预期价值约占转牌圈预期价值的 57%。但请记住，这些转牌价值包括可能在河牌圈形成顺子的 EV。

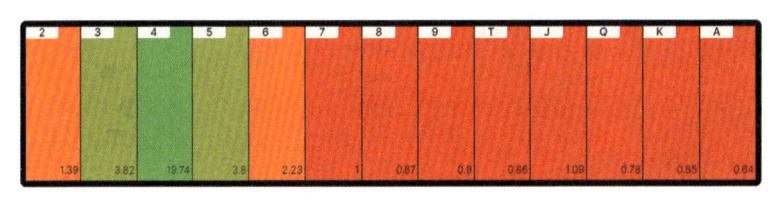

2	3	4	5	6	7	8	9	T	J	Q	K	A
1.39	3.82	19.74	3.8	2.23	1	0.87	0.9	0.86	1.09	0.78	0.85	0.64

图 51　大盲位玩家跟注后面对不同转牌的 EV

二、跟注的策略

弃牌就 OK 了

决定我们在后面的回合如何玩牌的不仅仅是牌面，对手的行动是决定我们的牌的价值以及我们应该用它做什么的重要因素。

当我们在翻牌圈跟注时，记住我们为什么跟注以及我们希望得到什么会对决策很有帮助。对于 53o，我们希望转牌能够改善自己的手牌。对手过牌，表明对手的牌可能也不是很好。如果我们没有得到这些预期的结果，我们可能就要弃牌。

我们在翻牌圈跟注并不是因为我们有一手好牌或有强烈意愿期望赢得底池。我们跟注是因为赔率是 4∶1，价格合理，并且仍然有一些实现权益的机会。

当转牌圈对我们没有帮助时，我们的很多潜在赢率就会消失。如果对手再次下注，则可能不会提供这么好的价格，即使他提供了和翻牌一样的价格也不行，因为我们的牌比翻牌时的权益要低。

我们不再有必要继续为底池而战。当我们用这些边缘牌跟注时，我们可能会输掉底池，这种感觉很不好。我们要清楚地知道，当我们跟注的赔率是4:1时，在大多数情况下输是正常的。但如果我们面对这些糟糕的转牌依旧跟注，很可能会输掉我们前两个回合赢得的EV。

例如，如果转牌是8♦，我们应该过牌53o；如果我们没有方片，对手下注我们应该立刻弃牌。求解器建议即使对手下注1/3底池，我们也需要弃牌（见图52）。

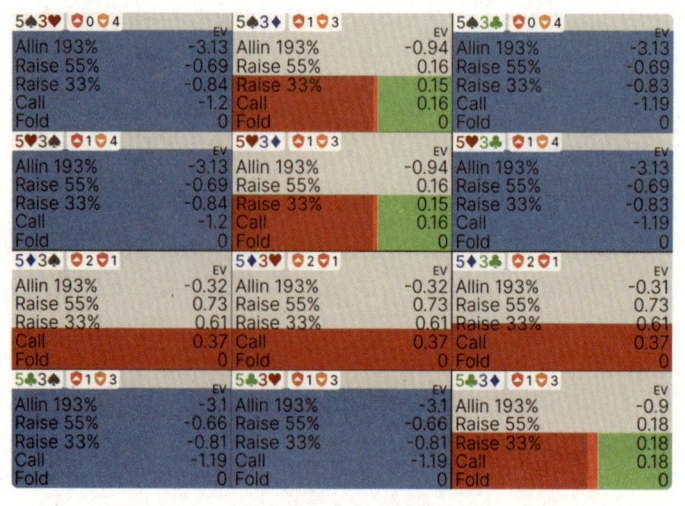

5♠3♥ ♠0♦4	EV	5♠3♦ ♠1♦3	EV	5♠3♣ ♠0♦4	EV
Allin 193%	-3.13	Allin 193%	-0.94	Allin 193%	-3.13
Raise 55%	-0.69	Raise 55%	0.16	Raise 55%	-0.69
Raise 33%	-0.84	Raise 33%	0.15	Raise 33%	-0.83
Call	-1.2	Call	0.16	Call	-1.19
Fold	0	Fold	0	Fold	0

5♥3♠ ♠1♦4	EV	5♥3♦ ♠1♦3	EV	5♥3♣ ♠1♦4	EV
Allin 193%	-3.13	Allin 193%	-0.94	Allin 193%	-3.13
Raise 55%	-0.69	Raise 55%	0.16	Raise 55%	-0.69
Raise 33%	-0.84	Raise 33%	0.15	Raise 33%	-0.83
Call	-1.2	Call	0.16	Call	-1.19
Fold	0	Fold	0	Fold	0

5♦3♠ ♠2♦1	EV	5♦3♥ ♠2♦1	EV	5♦3♣ ♠2♦1	EV
Allin 193%	-0.32	Allin 193%	-0.32	Allin 193%	-0.31
Raise 55%	0.73	Raise 55%	0.73	Raise 55%	0.73
Raise 33%	0.61	Raise 33%	0.61	Raise 33%	0.61
Call	0.37	Call	0.37	Call	0.37
Fold	0	Fold	0	Fold	0

5♣3♠ ♠1♦3	EV	5♣3♥ ♠1♦3	EV	5♣3♦ ♠1♦3	EV
Allin 193%	-3.1	Allin 193%	-3.1	Allin 193%	-0.9
Raise 55%	-0.66	Raise 55%	-0.66	Raise 55%	0.18
Raise 33%	-0.81	Raise 33%	-0.81	Raise 33%	0.18
Call	-1.19	Call	-1.19	Call	0.18
Fold	0	Fold	0	Fold	0

图52 转牌发出8♦后，53o面对下注的策略

请注意，带有方片的 53o 不会对这个小注弃牌。尤其是 5♦，它是一个好的用来诈唬的候选方案，甚至有时可以用它来进行反主动下注，尽管这是一条很少使用的行动线。但如果我们没有用 5♦3 进行诈唬的能力，我们将无法实现翻牌圈跟注的所有权益。

在河牌圈诈唬

我们有时在转牌圈准备过牌之后弃牌，并不意味着放弃底池，因为对手并不一定会下注。我们可以在求解器中看到，庄位玩家在大盲位玩家过牌后有 56% 的频率随后过牌。这也意味着如果我们的对手下注就证明他的范围很强，弃牌给他也并不可惜。

如果我们的对手在转牌圈没有下注，这就是要求我们考虑诈唬的信号。即便如此，这些也不是价值特别高的诈唬。在发出河牌 Q♥ 后，没有方片的 53o 诈唬和过牌的 EV 相差无几，而有方片的 53o 是几乎没有收益的诈唬。

要知道，我们并不是只有这些听牌失败的牌可以用来诈唬。K9o 也是一个违反直觉的翻牌圈可跟注的牌，却是一个更可靠的有利可图的诈唬牌，因为它阻挡了更多的同花和河牌顺子（见图 53）。

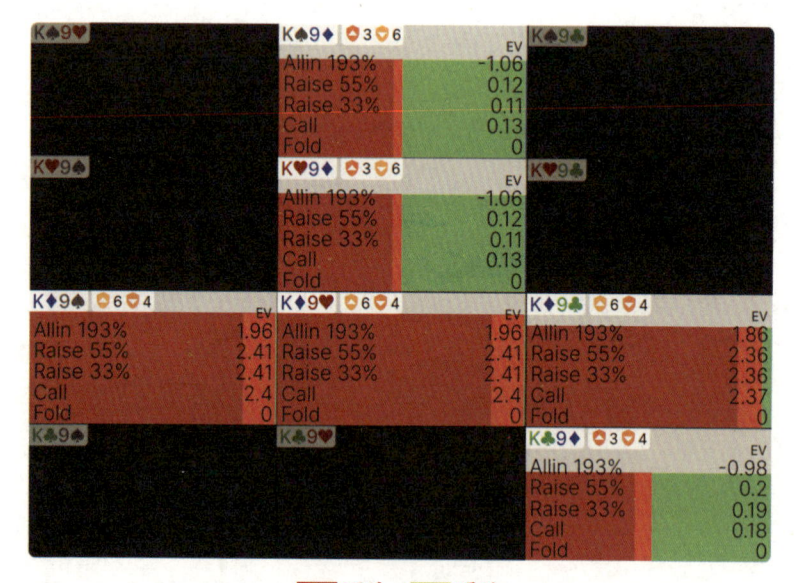

K♠9♦		K♠9♦ 3♥ 6♣			K♠9♣	
				EV		
		Allin 193%		-1.06		
		Raise 55%		0.12		
		Raise 33%		0.11		
		Call		0.13		
		Fold		0		
K♥9♦		K♥9♦ 3♥ 6♣			K♥9♣	
				EV		
		Allin 193%		-1.06		
		Raise 55%		0.12		
		Raise 33%		0.11		
		Call		0.13		
		Fold		0		
K♠9♠ 6♥ 4		K♦9♥ 6♥ 4			K♦9♣ 6♥ 4	
	EV			EV		EV
Allin 193%	1.96	Allin 193%		1.96	Allin 193%	1.86
Raise 55%	2.41	Raise 55%		2.41	Raise 55%	2.36
Raise 33%	2.41	Raise 33%		2.41	Raise 33%	2.36
Call	2.4	Call		2.4	Call	2.37
Fold	0	Fold		0	Fold	0
K♣9♠		K♣9♥			K♦9♣ 3♥ 4	
						EV
					Allin 193%	-0.98
					Raise 55%	0.2
					Raise 33%	0.19
					Call	0.18
					Fold	0

■ 下注　■ 跟注

图 53　具有后门同花的 K9o 在翻牌圈的策略

击中卡顺

击中卡顺的概率虽然不高，但每隔一段时间总会击中一次。当我们的对手在转牌圈过牌，而我们的 53o 在河牌圈击中了卡顺，最后的牌面是 J♦6♦2♣8♦4♥，底池中有 10.1 个大盲，我们后手筹码有 35.7 个大盲时，我们应该怎么办？

我们有很多种选择。求解器给出了过牌、小额下注（希望引起对手加注），甚至全下 353% 底池的策略，各种策略的 EV 如图 54 所示。

第六章　跟注的意义

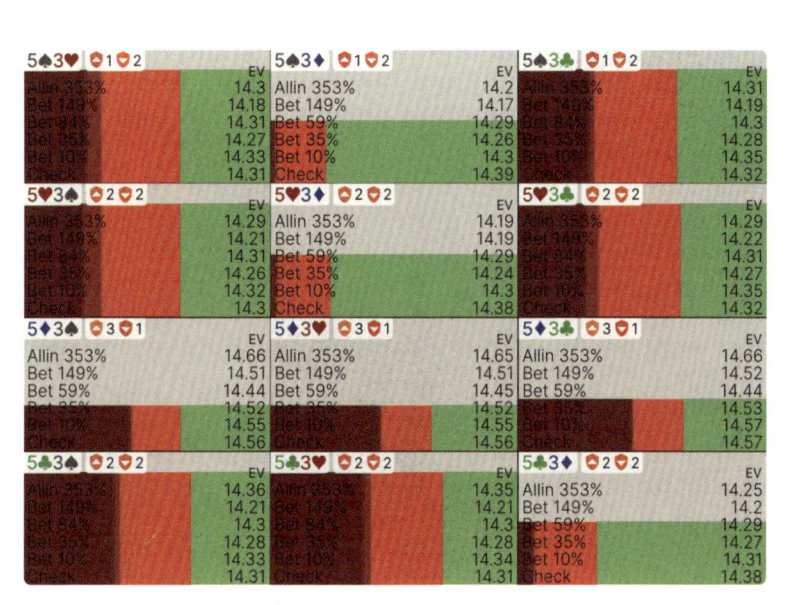

5♠3♥ ♡1♢2		EV	5♠3♦ ♡1♢2		EV	5♠3♣ ♡1♢2		EV
Allin 353%		14.3	Allin 353%		14.2	Allin 353%		14.31
Bet 149%		14.18	Bet 149%		14.17	Bet 149%		14.19
Bet 59%		14.31	Bet 59%		14.29	Bet 84%		14.3
Bet 35%		14.27	Bet 35%		14.26	Bet 35%		14.28
Bet 10%		14.33	Bet 10%		14.3	Bet 10%		14.35
Check		14.31	Check		14.39	Check		14.32

5♥3♠ ♡2♢2		EV	5♥3♦ ♡2♢2		EV	5♥3♣ ♡2♢2		EV
Allin 353%		14.29	Allin 353%		14.19	Allin 353%		14.29
Bet 149%		14.21	Bet 149%		14.19	Bet 149%		14.22
Bet 84%		14.31	Bet 59%		14.29	Bet 84%		14.31
Bet 35%		14.26	Bet 35%		14.24	Bet 35%		14.27
Bet 10%		14.32	Bet 10%		14.3	Bet 10%		14.35
Check		14.3	Check		14.38	Check		14.32

5♦3♠ ♡3♢1		EV	5♦3♥ ♡3♢1		EV	5♦3♣ ♡3♢1		EV
Allin 353%		14.66	Allin 353%		14.65	Allin 353%		14.66
Bet 149%		14.51	Bet 149%		14.51	Bet 149%		14.52
Bet 59%		14.44	Bet 59%		14.45	Bet 59%		14.44
Bet 35%		14.52	Bet 35%		14.52	Bet 35%		14.53
Bet 10%		14.55	Bet 10%		14.55	Bet 10%		14.57
Check		14.56	Check		14.56	Check		14.57

5♣3♠ ♡2♢2		EV	5♣3♥ ♡2♢2		EV	5♣3♦ ♡2♢2		EV
Allin 353%		14.36	Allin 353%		14.35	Allin 353%		14.25
Bet 149%		14.21	Bet 149%		14.21	Bet 149%		14.2
Bet 84%		14.3	Bet 84%		14.3	Bet 59%		14.29
Bet 35%		14.28	Bet 35%		14.28	Bet 35%		14.27
Bet 10%		14.33	Bet 10%		14.34	Bet 10%		14.31
Check		14.31	Check		14.31	Check		14.38

图 54　53o 在击中卡顺后，不同策略的 EV 对比

仅仅击中牌并不能代表我们实现了自己全部的 EV。如果想实现翻牌圈跟注的全部 EV，需要我们在击中牌后获得足够大的回报。如果我们击中了卡顺之后总是过牌或下小注，那么我们在翻牌圈也许就不应该跟注。

击中一对

击中第三大的对子可能看起来没什么了不起的，但实际上这对 53o 的 EV 是一个巨大的提升。面对翻牌圈的持续下注，没有方片的 53o 大约价值 1 个大盲。击中 3♥ 之后，其价值翻了 4 倍，超过 4 个大盲（见图 55）。

5♠3♥				5♣3♦	♠1♥2		EV	5♣3♣	♠1♥2		EV
				Allin 353%			0.53	Allin 353%			0.48
				Bet 50%			4.07	Bet 50%			3.88
				Bet 20%			4.47	Bet 20%			4.31
				Check			4.48	Check			4.32
5♣3♠	♠1♥2		EV	5♥3♦	♠1♥2		EV	5♦3♣	♠1♥2		EV
Allin 353%			0.47	Allin 353%			0.53	Allin 353%			0.48
Bet 50%			3.88	Bet 50%			4.07	Bet 50%			3.88
Bet 20%			4.33	Bet 20%			4.47	Bet 20%			4.31
Check			4.33	Check			4.48	Check			4.32
5♣3♠	♠1♥2		EV	5♦3♥				5♣3♣	♠1♥2		EV
Allin 353%			0.45					Allin 353%			0.46
Bet 50%			4.12					Bet 50%			4.1
Bet 20%			4.51					Bet 20%			4.49
Check			4.53					Check			4.51
5♣3♠	♠1♥2		EV	5♣3♥				5♣3♦	♠1♥2		EV
Allin 353%			0.51					Allin 353%			0.57
Bet 50%			3.94					Bet 50%			4.11
Bet 20%			4.38					Bet 20%			4.53
Check			4.39					Check			4.54

图 55　53o 在转牌击中一对后，不同策略的 EV 对比

从概率上讲，翻牌圈跟注的大部分价值都体现在我们形成弱对子的情况中。不过，弱对子是最难玩的牌之一。

根据求解器的建议，如果我们在 J♦6♦2♣3♥ 牌面过牌，对手很可能用其范围 23% 的组合下注 125% 底池，这时我们该怎么办（见图 56）？

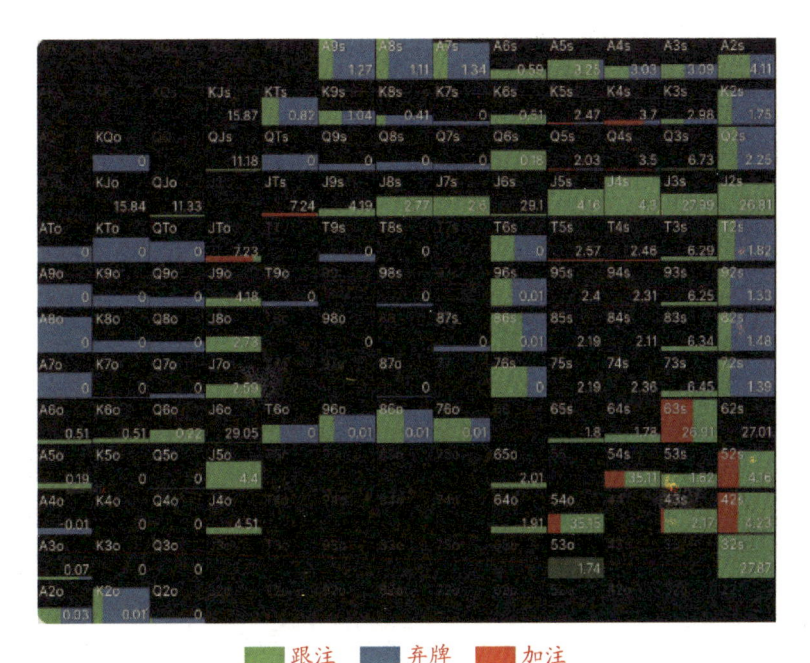

图 56　大盲位玩家在转牌过牌后应对对手下注 125% 底池的策略

求解器告诉我们，53o 是纯跟注的牌，比中间对子更有价值，中间对子的跟注和弃牌大多无差别（见图 56）。在河牌圈之前，拥有听牌的弱对子通常比没有听牌的强对子更适合抓诈。

如果转牌发出 8♥，双方过牌，然后我们在河牌圈拿到 3♥ 怎么办？我们应该过牌，因为我们的牌具有摊牌价值。然而，如果面临下注，我们应该用手中的对子诈唬并全下。以下是我们的 53o 在河牌击中一对后，面对对手下注 84% 底池（庄位玩家最常用的下注大小）的策略（见图 57）。

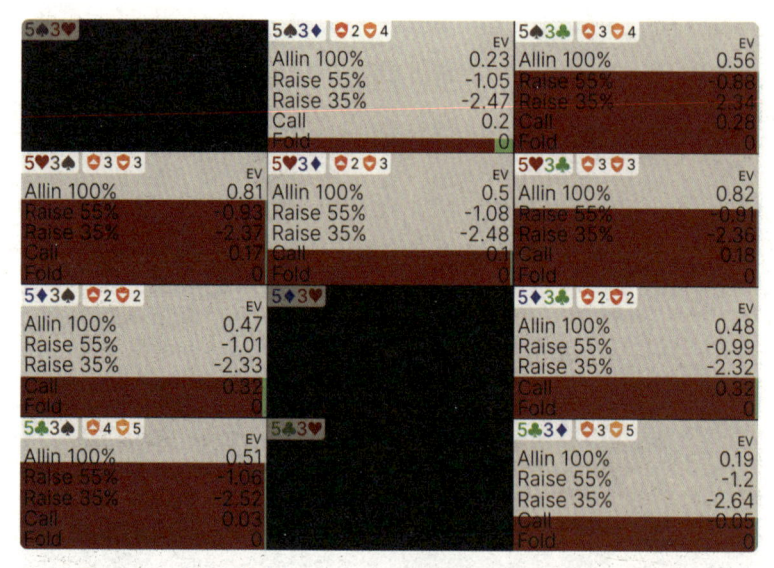

5♠3♥	5♦3♦ ♣2 ♣4	EV	5♠3♣ ♦3 ♣4	EV
	Allin 100%	0.23	Allin 100%	0.56
	Raise 55%	-1.05	Raise 55%	-0.88
	Raise 35%	-2.47	Raise 35%	-2.34
	Call	0.2	Call	0.28
	Fold	0	Fold	0

5♥3♠ ♣3 ♦3	EV	5♦3♦ ♣2 ♦3	EV	5♣3♣ ♦3 ♥3	EV
Allin 100%	0.81	Allin 100%	0.5	Allin 100%	0.82
Raise 55%	-0.93	Raise 55%	-1.08	Raise 55%	-0.91
Raise 35%	-2.37	Raise 35%	-2.48	Raise 35%	-2.36
Call	0.17	Call	0.1	Call	0.18
Fold	0	Fold	0	Fold	0

5♣3♠ ♣2 ♦2	EV	5♥3♦		5♦3♣ ♣2 ♦2	EV
Allin 100%	0.47			Allin 100%	0.48
Raise 55%	-1.01			Raise 55%	-0.99
Raise 35%	-2.33			Raise 35%	-2.32
Call	0.32			Call	0.32
Fold	0			Fold	0

5♣3♠ ♦4 ♥5	EV	5♣3♥		5♣3♦ ♦3 ♦5	EV
Allin 100%	0.51			Allin 100%	0.19
Raise 55%	-1.06			Raise 55%	-1.2
Raise 35%	-2.52			Raise 35%	-2.64
Call	0.03			Call	0.05
Fold	0			Fold	0

图57 53o在河牌击中一对后，面对对手下注84%底池的策略

为什么53o在这时需要诈唬？一方面，一旦对手下注，它就会失去大部分摊牌价值。跟注的价值约为1/10个大盲。更重要的是，它阻挡了一些重要的牌：坚果牌，还有一些暗三条和随机的两对。对手在转牌圈过牌将大多数坚果牌从其范围中移除。他现在想要疯狂拿下一些东西最好的机会就是在河牌圈拿到坚果牌。因为我们的牌阻挡了很多河牌的坚果组合，所以它是一个很好的诈唬选择。

我们没有办法研究每一次边缘翻牌圈跟注可能产生的每一种转牌和河牌的情况，我们在这里仅仅分析了一种场景。但我们演示了求解器在出现不同的情况下会作出怎样的选择，这启发了我们思考问题的路径。如果我们买牌没中是不是要就此放弃？什么情况下我们可以继续诈唬？如果买中了我们需要获得多大的价值？如果击中了一些边缘牌我们该如何处理？只有我们全部掌握了这一切，我们才能真正弄懂求解器那些匪夷所思的跟注究竟意味着什么。

第七章

了解德州扑克中的阻挡效应

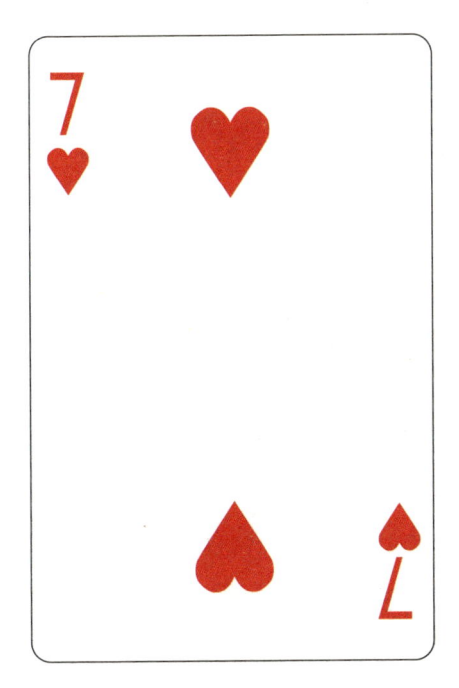

在上一章的结尾部分，我们介绍了53o用来过牌、加注诈唬，一部分原因是它阻挡了对手的很多河牌的坚果组合。其实不仅仅在河牌上，阻挡效应在德州扑克中无处不在，初学者在查看求解器精心设计的结算表格时经常会遇到以下问题：

（1）为什么求解器有时会弃掉顶对，反而会跟注第三大的对子？总是跟注顶对并总是弃掉第三大的对子不是更好吗？

（2）为什么都是听花失败，有时候选择诈唬是可以的，而另一手看似相似的手牌选择诈唬却是错误的？

（3）有些对子明明有很好的摊牌价值，但求解器却拿来诈唬，我们不应该加注我们失败的听牌吗？

一、了解阻挡牌

在德州扑克中，阻挡牌指的是我们持有阻挡对手拿到某特定牌的牌。例如，如果我们在 T♠6♠3♠ 上持有 A♠K♦，我们的手牌使我们的对手不可能持有坚果同花——我们"阻挡"了对手获得坚果同花的可能性。反之，如果我们在 T♠6♠3♠ 上持有 3♥3♣，我们就"不阻挡"顶对，这样我们就更有可能通过下注获得价值。

了解阻挡牌的第一步是了解我们持有这手牌要做什么。

不同的手牌类别有不同的阻挡效应。

（1）当持有价值牌时，我们希望对手跟注。所以我们希望我们的手牌：

- 阻挡对手的弃牌组合。
- 不阻挡对手的价值组合。

（2）当持有潜在的诈唬牌时，我们更愿意看到对手弃牌。所以我们希望我们的手牌：

- 阻挡对手的跟注组合。
- 不阻挡对手的弃牌组合。

（3）当持有抓鸡牌时，我们想要获胜的次数比底池赔率所规定的要多。所以我们希望我们的手牌：

- 阻挡对手的价值组合。
- 不阻挡对手的诈唬组合。

虽然我们的手牌可能并不总是具有理想的阻挡特性，但我们仍然可以利用牌的移除效果，根据我们的手牌与目标重新确定阻挡牌，从而作出艰难的决定。

二、分析阻挡效应

让我们看个例子，了解如何在实践中使用阻挡效应（见图58）。

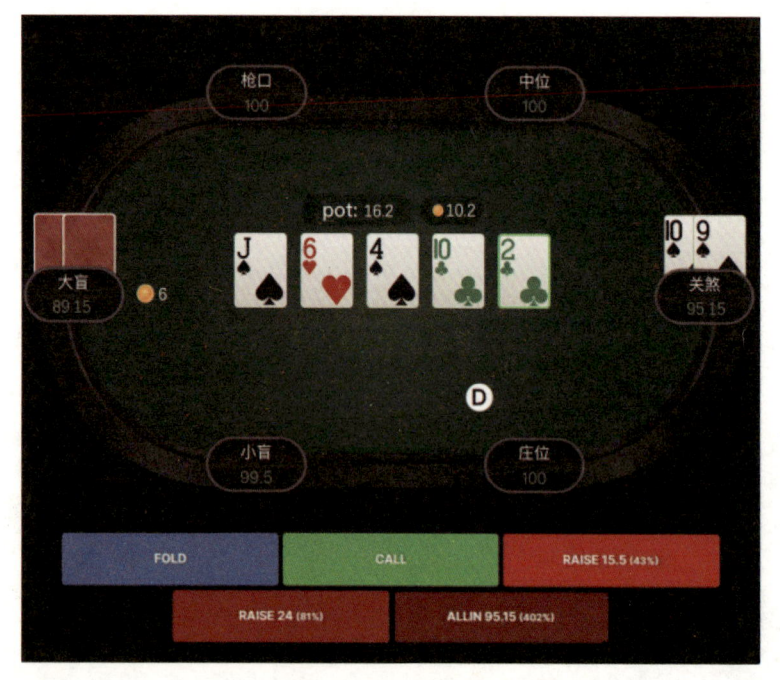

图 58　阻挡效应的利用

翻牌前：我们在关煞位置用 T♠9♠ 开池，大盲位玩家跟注。翻牌（J♠6♥4♠）（底池 5.1 个大盲）：大盲位玩家过牌，我们下注 50% 底池，大盲位玩家跟注。转牌（J♠6♥4♠-T♣）（底池 10.2 个大盲）：双方过牌。河牌（J♠6♥4♠-T♣-2♣）（底池 10.2 个大盲）：大盲位玩家下注 6 个大盲。

轮到我们行动。我们手持第二大的对子，面对对手 60% 底池的下注，我们应该怎么办？弃牌、跟注、混合跟注和弃牌，还是混合跟注和诈唬加注？

第七章 了解德州扑克中的阻挡效应

根据 GTO 解决方案，T♠9♠ 纯弃牌，T♦9♦ 和 T♥9♥ 总是跟注（见图 59）。

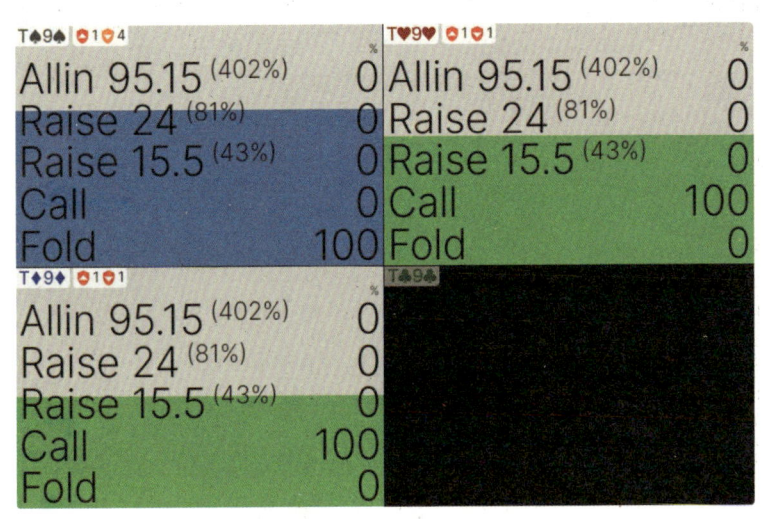

图 59 求解器给出的 T9o 的不同策略

那么这些牌有什么区别呢？为什么求解器更喜欢用 T9 的某些组合跟注而不是其他组合？

是否有特定的阻挡属性使 T♠9♠ 跟注成为一个错误的选择？我们来继续研究下注的策略，如图 60 所示。

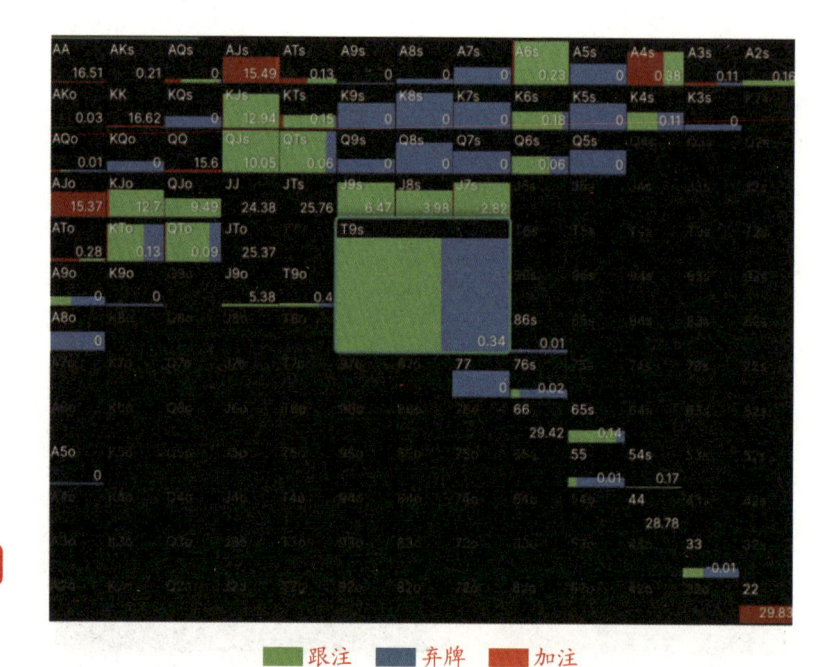

图 60 面对大盲位玩家在河牌下注的策略

在 KTo 这手组合中,这种弃牌黑桃的模式还在继续!当持有 K♠ 时,我们得弃牌(见图 61)。这又是为什么呢?

K♠T♥ ♥♦5	EV	K♠T♦ ♥♦5	EV	K♠T♣	
Allin 402%	-1.17	Allin 402%	-0.84		
Raise 81%	-0.5	Raise 81%	-0.42		
Raise 43%	-0.68	Raise 43%	-0.63		
Call	-0.49	Call	-0.47		
Fold	0	Fold	0		

K♥T♠ ♥♦2	EV	K♥T♦ ♥♦2	EV	K♥T♣	
Allin 402%	-0.7	Allin 402%	-0.48		
Raise 81%	0.02	Raise 81%	0.04		
Raise 43%	-0.12	Raise 43%	-0.1		
Call	0.03	Call	0.04		
Fold	0	Fold	0		

K♦T♠ ♥♦1	EV	K♦T♥ ♥♦1	EV	K♦T♣	
Allin 402%	-0.7	Allin 402%	-0.81		
Raise 81%	0.26	Raise 81%	0.19		
Raise 43%	0.18	Raise 43%	0.13		
Call	0.27	Call	0.25		
Fold	0	Fold	0		

K♣T♠ ♥♦1	EV	K♣T♥ ♥♦1	EV	K♣T♦ ♥♦1	EV
Allin 402%	-0.76	Allin 402%	-0.86	Allin 402%	-0.54
Raise 81%	0.26	Raise 81%	0.19	Raise 81%	0.28
Raise 43%	0.19	Raise 43%	0.15	Raise 43%	0.2
Call	0.27	Call	0.25	Call	0.27
Fold	0	Fold	0	Fold	0

图61 求解器给出的KTo不同策略的EV

答案归结为大盲位玩家的范围。大盲位玩家范围中的许多最弱牌都是同花听牌。这些牌需要在河牌圈诈唬赢得底池。在T♠9♠的情况下，我们持有9♠阻挡了大盲位玩家的很多诈唬组合，如K♠9♠、Q♠9♠、9♠8♠和9♠7♠。

而像T♥9♥和T♦9♦这样的牌不能阻挡这些诈唬组合，所以他会跟注。

三、阻挡效应什么时候很重要

在我们刚才介绍的案例中，阻挡效应的影响非常显著，但并不是所有的情况都如此。在许多时候，阻挡效应的影响可能是微乎其微的。作为一个优秀的玩家，我们必须知道何时适合根据阻挡效应作出什么决定。

如果我们的对手诈唬不够，我们是否仍然应该用好的阻挡牌跟注，反之亦然？

在任何河牌圈抓诈决策中最重要的因素是我们是否拥有由我们的底池赔率决定的可以跟注的胜率，其他一切都是次要的。

回到我们的 T♠9♠ 例子，在河牌圈，我们的底池赔率决定我们需要 27.8% 的胜率来跟注。

所需胜率 = 跟注 /（跟注后底池－佣金）= 6/（6+6+10.2-0.6）
　　　　≈ 27.8%

正如我们所看到的（见图62），这是一个结果非常接近的决定。如果大盲位玩家再诈唬多1%的手牌组合，那么 T♠9♠ 将成为纯跟注牌。

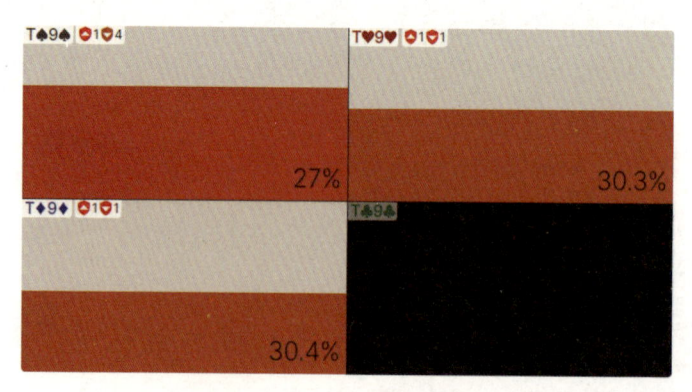

图62　T9s 在河牌圈的胜率

在跟注之前，我们需要按重要性顺序问自己三个问题：

（1）我能打败诈唬吗？

（2）与我需要的底池赔率相比，对手是诈唬过度（每次都跟注）还是诈唬不足（每次都弃牌）？

（3）我的牌能阻止对手的价值下注和/或阻挡对手的诈唬吗？

求解器构建了一个完美平衡的策略，但平衡是脆弱的。如果我们怀疑我们的对手诈唬过度或不足，那么阻挡效应就不再是我们首先要考虑的问题。当面对强大的对手时，很难判断他是否诈唬过度。这时我们应该根据阻挡效应作出决定。一般来说，只有当对手范围很窄——对手的范围内的组合较少，或者范围两极分化——对手要么有坚果牌，要么什么都没有时，关键阻挡牌可以发挥重要作用。

对阻挡牌的困惑

让我们回到第一个例子，这次我们持有 T♠7♠（见图63）。

图63 我们在CO位时的牌局

翻牌前：我们开池 2.3 个大盲，大盲位玩家跟注。翻牌（J♠6♥4♠）（5.1 个大盲）：大盲位玩家过牌。我们持续下注 50% 底池，大盲位玩家跟注。转牌（J♠6♥4♠-T♣）（10.2 个大盲）：双方过牌。河牌（J♠6♥4♠-T♣-2♣）（10.2 个大盲）：大盲位玩家下注 6 个大盲，轮到我们行动。

不同于前一个例子，T♠7♠ 尽管阻挡了同花听牌，但似乎更适合跟注对手（见图 64）。为什么？我们应该如何解释这个策略呢？

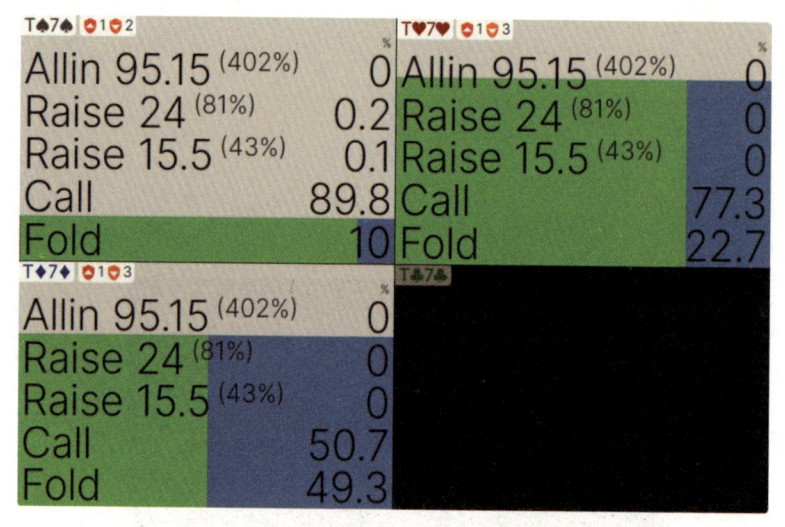

T♠7♠	❶♥2			T♥7♥	❶♦3		
Allin 95.15	(402%)		0	Allin 95.15	(402%)		0
Raise 24	(81%)		0.2	Raise 24	(81%)		0
Raise 15.5	(43%)		0.1	Raise 15.5	(43%)		0
Call			89.8	Call			77.3
Fold			10	Fold			22.7

T♦7♠	❶♥3		
Allin 95.15	(402%)		0
Raise 24	(81%)		0
Raise 15.5	(43%)		0
Call			50.7
Fold			49.3

图 64　求解器给出的 T7o 不同策略的 EV

为了弄清楚原因，让我们回到翻牌圈。我们的第一步是查看所有在翻牌圈包含 7 的同色组合。经过一番搜索，我们发现许多连续的 7x 手牌都是顺子听牌，特别是 87s 和 87o。它们在翻牌圈不同策略的 EV 如图 65 和图 66 所示。

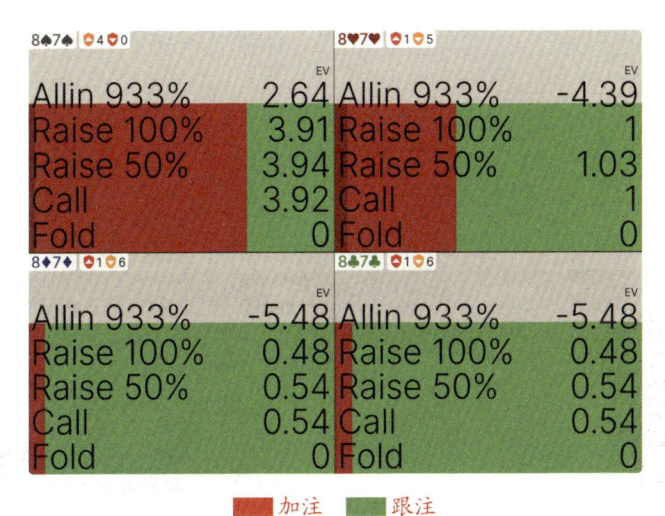

第七章 了解德州扑克中的阻挡效应

8♠7♠ ♣4♦0	EV	8♠7♥ ♣1♦5	EV
Allin 933%	2.64	Allin 933%	-4.39
Raise 100%	3.91	Raise 100%	1
Raise 50%	3.94	Raise 50%	1.03
Call	3.92	Call	1
Fold	0	Fold	0
8♠7♦ ♣1♦6	EV	8♠7♣ ♣1♦6	EV
Allin 933%	-5.48	Allin 933%	-5.48
Raise 100%	0.48	Raise 100%	0.48
Raise 50%	0.54	Raise 50%	0.54
Call	0.54	Call	0.54
Fold	0	Fold	0

■ 加注 ■ 跟注

图 65 大盲位玩家 87s 在翻牌圈不同策略的 EV

8♠7♥ ♣3♦3	EV	8♠7♦ ♣3♦3	EV	8♠7♣ ♣3♦3	EV
Allin 933%	-4.4	Allin 933%	-4.4	Allin 933%	-4.4
Raise 100%	1.12	Raise 100%	1.08	Raise 100%	1.08
Raise 50%	1.17	Raise 50%	1.13	Raise 50%	1.13
Call	1.09	Call	1.03	Call	1.03
Fold	0	Fold	0	Fold	0
8♥7♠ ♣3♦3	EV	8♠7♦ ♣1♦6	EV	8♣7♠ ♣1♦6	EV
Allin 933%	-4.32	Allin 933%	-5.5	Allin 933%	-5.5
Raise 100%	1.09	Raise 100%	0.56	Raise 100%	0.56
Raise 50%	1.14	Raise 50%	0.6	Raise 50%	0.6
Call	1.03	Call	0.6	Call	0.6
Fold	0	Fold	0	Fold	0
8♠7♣ ♣2♦3	EV	8♠7♥ ♣1♦6	EV	8♦7♣ ♣1♦7	EV
Allin 933%	-4.34	Allin 933%	-5.53	Allin 933%	-5.53
Raise 100%	1.04	Raise 100%	0.56	Raise 100%	0.5
Raise 50%	1.09	Raise 50%	0.59	Raise 50%	0.55
Call	0.98	Call	0.59	Call	0.53
Fold	0	Fold	0	Fold	0
8♠7♣ ♣2♦3	EV	8♠7♥ ♣1♦6	EV	8♣7♦ ♣1♦7	EV
Allin 933%	-4.34	Allin 933%	-5.53	Allin 933%	-5.53
Raise 100%	1.04	Raise 100%	0.56	Raise 100%	0.5
Raise 50%	1.09	Raise 50%	0.59	Raise 50%	0.55
Call	0.98	Call	0.59	Call	0.53
Fold	0	Fold	0	Fold	0

■ 加注 ■ 跟注

图 66 大盲位玩家 87o 在翻牌圈不同策略的 EV

包含黑桃的 87 组合比其他组合在翻牌圈有更高频率的诈唬加注，因此，当大盲位玩家在河牌圈诈唬时，与其他花色相比，他用 7♠ 进行诈唬的可能性较小。

让我们看看大盲位玩家持有 7♠ 时的情况（见图 67）。

Card	Fold	Call	Raise
7♣	- 0.28%	+ 0.23%	+ 0.05%
7♦	- 0.28%	+ 0.23%	+ 0.05%
7♥	- 0.12%	+ 0.08%	+ 0.05%
7♠	+ 0.72%	- 0.72%	0.00%

图 67　持有 7♠ 的组合过牌加注的频率与其他花色过牌加注频率对比

在图 67 中我们可以看到，大盲位玩家拿着 7♠，我们在翻牌圈加注时弃牌的频率会高出 0.72%！

我们来看看大盲位玩家在河牌圈的策略（见图 68）。

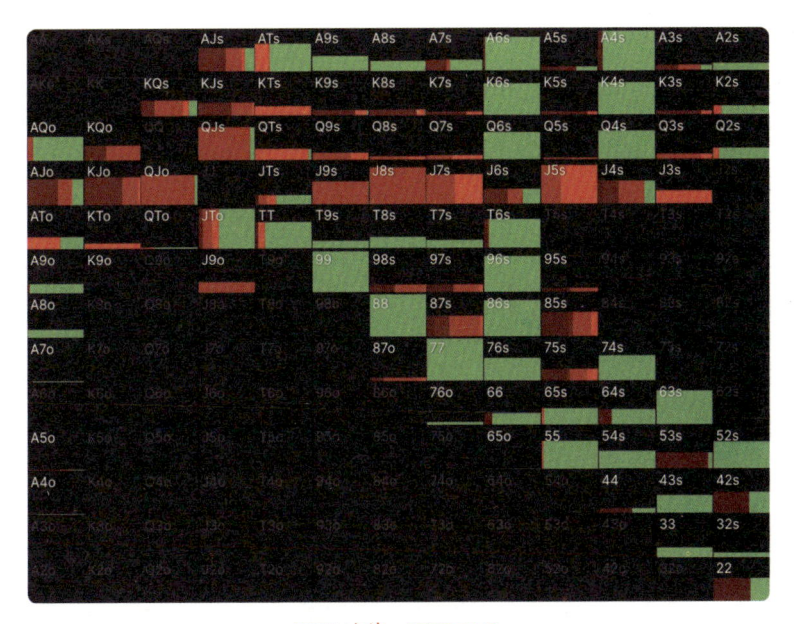

图 68　求解器给出的大盲位玩家在河牌圈的策略

由于大盲位玩家会在翻牌圈对大部分带有 7♠ 的组合进行过牌加注，因此他到河牌圈时会使用较少的这些组合。当大盲位玩家在河牌圈诈唬时，与其他花色的 7 相比，他用 7♠ 进行诈唬的可能性较小。当我们持有 T♠7♠ 时，我们实际上阻挡了对手更少的诈唬！

第八章

位置的价值

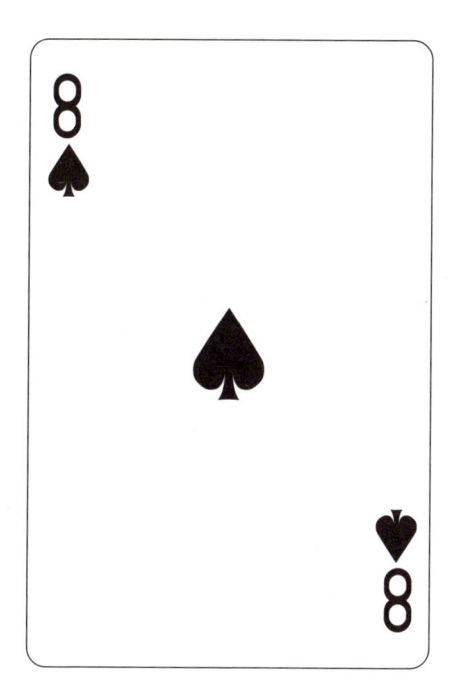

所有接触过德州扑克一段时间的玩家都听说过位置的重要性，但位置究竟为何重要，有何战略价值，又会对游戏策略产生怎样的影响？

一种常见的对位置优势的解释是，有位置优势的玩家可以比没有位置优势的玩家拥有更多的信息。这句话在某些场合是对的，但如果前位玩家采用100%过牌的策略，有位置优势的玩家并不会比没有位置优势的玩家得到更多的信息。

下面我们通过几个具体的例子，来看看在不同位置时的策略有何不同，进一步体会位置在德州扑克中的重要性。

一、在有利位置与不利位置时的过牌策略

从最简单的视角来看，不同的位置会带来不同的结果。

一方面，处在有利位置的玩家一旦过牌，牌局就会立刻进入下一个回合，距离实现底池权益就更近一步了。而如果玩家处在不利位置，过牌并不能保证其立刻实现底池权益。处在有利位置的玩家始终可以通过下注来剥夺处在不利位置的玩家的底池权益。

另一方面，处在有利位置的玩家在过牌后，实际上减少了潜在下注的轮次，而处在不利位置的玩家在过牌后依然可以通过过牌加注增加潜在的下注次数。

以上两个不同直接导致了有位置优势和没有位置优势的玩家在过牌策略的构建上呈现出截然不同的特点。下面我们以大小盲位玩

家对抗战，翻牌 Q95 彩虹面，转牌为 4 时的策略为例（见图 69）。

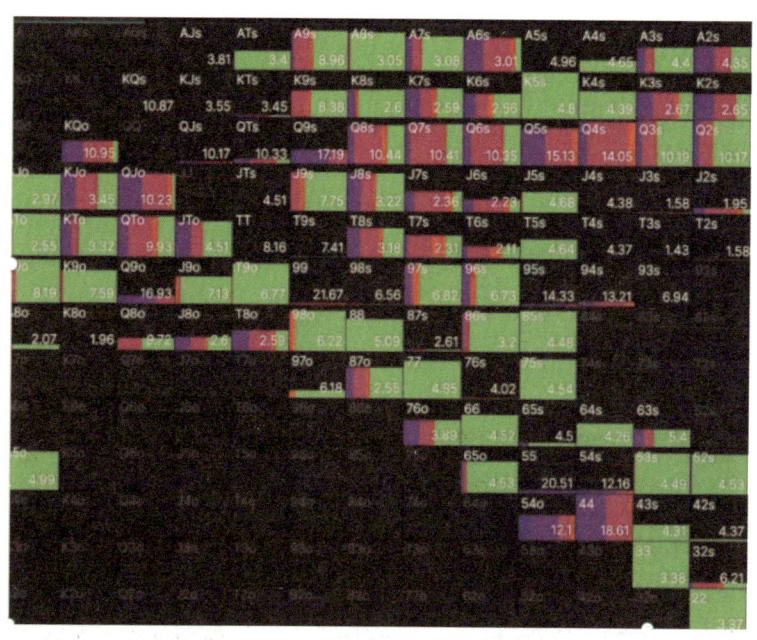

■ 大尺度下注　■ 中等尺度下注　■ 过牌

图 69　处在不利位置的玩家的转牌策略

从求解器给出的结果中我们可以清楚地看到，如果小盲位玩家过牌，大盲位玩家的策略相对极化，几乎所有的大牌都用来下注，再混合一定比例的空气牌作为诈唬。这种策略不必考虑自己过牌的范围严重封顶（以第二大的对子为主），因为过牌后的下一张出牌往往可以提高大盲位玩家的权益，使对手不能过于针对大盲位玩家的过牌范围（任意下一张都可能让大盲位玩家形成新的两对、三条、后门听牌）。

与处在有利位置的玩家简单直观的下注策略不同，处在不利位置的玩家的过牌范围要复杂得多。从求解器给出的结果来看，处在不利位置的玩家的过牌组合既包括一些中等牌力的组合，也包括一部分顶部范围。如果我们（处在不利位置的玩家）把顶部范围全部拿来下注，会导致我们的过牌范围偏弱，从而让对手可以对我们疯狂地攻击。尽管我们可以通过增加跟注来应对对手的诈唬，但也同时会遭到对手小价值的下注的反制。我们要记住，任何时候一个封顶的范围带来的后果都是无法弥补的。如果我们的过牌范围里没有足够的强牌，顶级高手可以用一个5倍底池的下注让我们怀疑人生（见图70）。

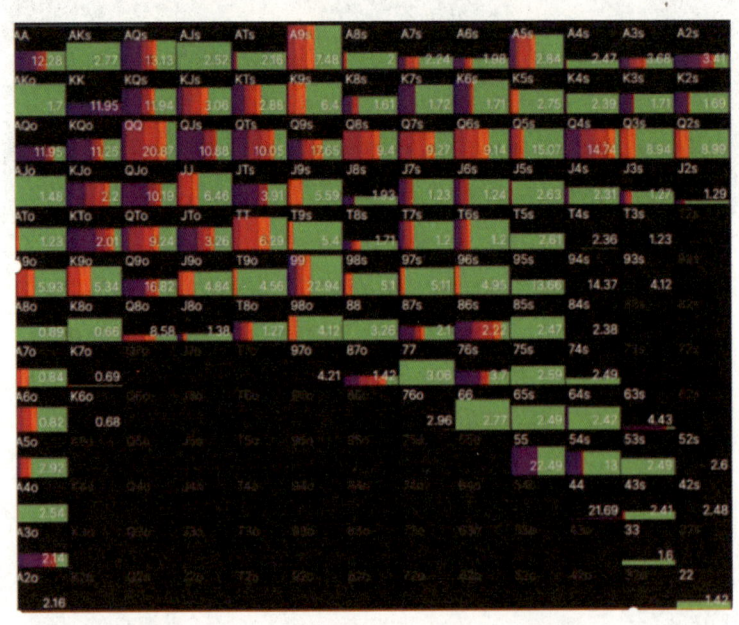

■ 大尺度下注　■ 中等尺度下注　■ 过牌

图70　处在有利位置的玩家的转牌策略

二、在有利位置与不利位置时的价值下注

以图 71 所示的河牌圈为例。

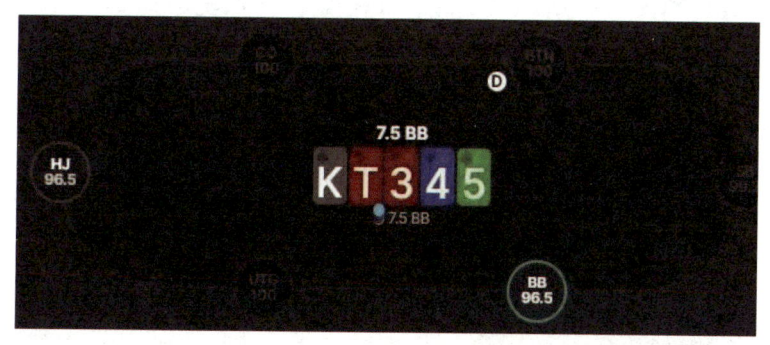

图 71　翻牌 K♠T♥3♥，大盲位玩家过牌跟注；转牌 4♦，双方过牌；河牌 5♣

与上一个例子类似，处在有利位置的玩家的下注策略相对极化，以大牌的价值下注和空气诈唬为主，并且下注尺度普遍较大。这是因为从直观上讲，处在有利位置的玩家下注可能造成对手加注，而过牌可以直接实现底池权益，这让处在有利位置的玩家没有动力用边缘牌去构建一个过小的下注尺度范围（见图 72）。

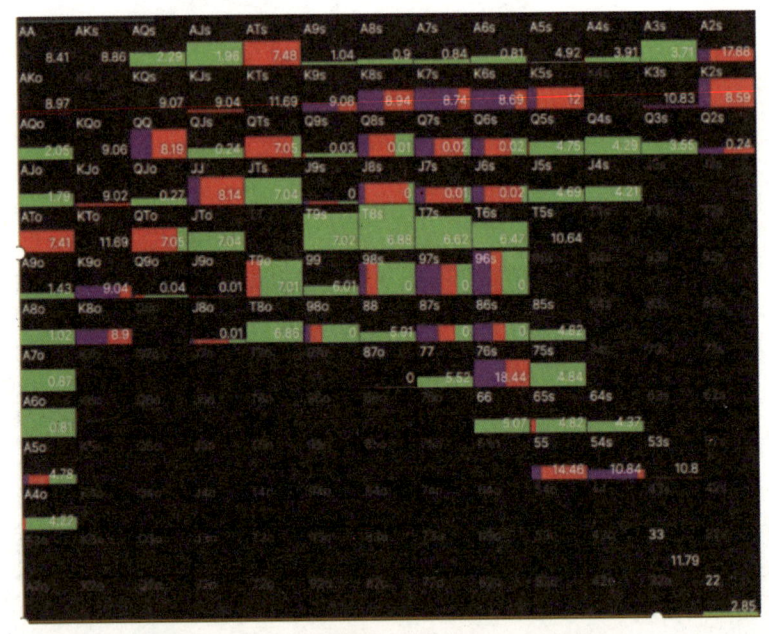

■ 大尺度下注　■ 中等尺度下注　■ 过牌
图 72　处在有利位置的玩家的河牌策略

而处在不利位置的玩家则没有这个顾虑，这也让阻止注成为处在不利位置的玩家在很多场景下较为常用的一种策略。另外，前位玩家（处在不利位置的玩家）的过牌范围里依旧埋伏了大量的暗三条、两对和顺子。通过求解器我们发现，前位玩家用大量的中对构建了下注 25% 底池的范围。原因是这些牌如果前位不主动下注，不仅会损失 EV，还会让其过牌的范围过强，使处在有利位置的玩家的一些边缘牌（以中对为主）可以轻松地随后过牌，实现底池权益，并且处在有利位置的玩家会用更大的下注让前位玩家的边缘牌跟注的 EV 为零。

除此之外，求解器把一些更大的牌，如 AT、K7、K6 用来过牌跟注，而大部分的坚果组合、两对、三条被放在过牌加注的范围里（见图 73）。

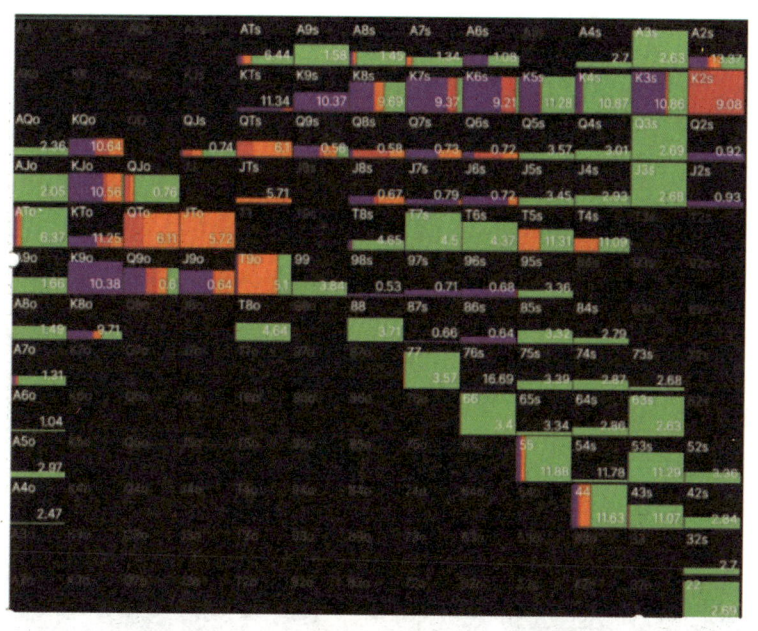

■ 大尺度下注　■ 中等尺度下注　■ 过牌
图 73　处在不利位置的玩家的河牌策略

三、在有利位置与不利位置时的诈唬选择

我们以盲注争夺战，翻牌为 Q75，转牌 2 的双花面为例。

我们可以看到（见图 74），处在不利位置的玩家的诈唬选择基本上以听牌为主，很少有权益非常低的空气牌。而处在有利位置的玩家则完全不同，根据最小防守频率，处在有利位置的玩家往往要防守更大的范围。

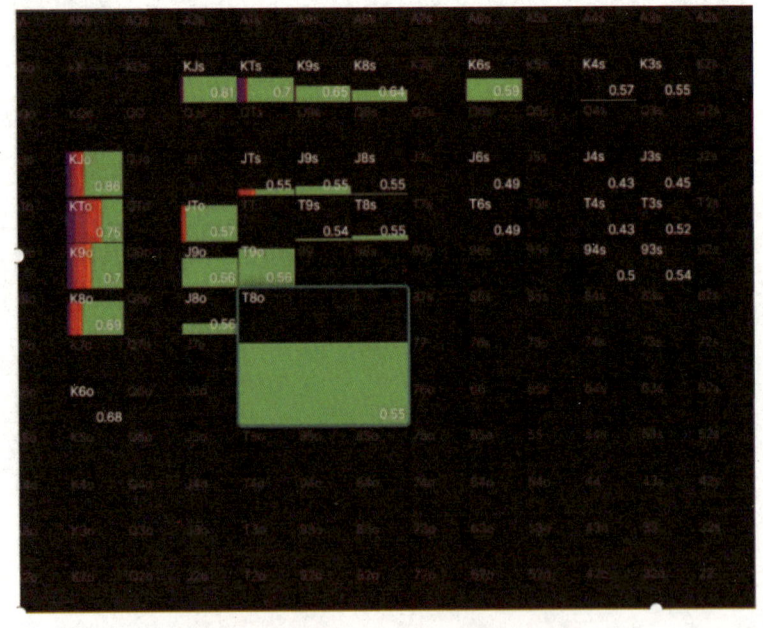

图 74　处在不利位置的玩家的策略

处在有利位置的玩家较高的防守频率使得处在不利位置的玩家不得不选择一些权益较高的牌用来诈唬。而对处在有利位置的玩家来说，一些权益较高的听牌如果过牌，可以直接实现自己的底池权益。与其冒着自己下注被对手加注的风险，还不如直接过牌，而用一些阻挡效应更好的牌来填充自己的诈唬选择。

从以上的案例分析中我们可以发现，位置的真正价值体现在处在不利位置的玩家通常要把自己的策略主动分割成两个不同的范围，一部分用来下注，另一部分用来防守自己的过牌范围。而处在有利位置的玩家则没有这个苦恼，他可以用自己的全部范围来防守对手的下注，也可以用全部的范围来攻击对手，不用过度考虑防守自己过牌这条行动线。这背后的原理在于处在有利位置的玩家一旦过牌，下一张的公共牌会自动提高处在有利位置的玩家过牌范围的权益，使处在有利位置的玩家原本脆弱的过牌范围重新坚固起来。

如果把德州扑克比作一场战役，处在不利位置的玩家必须分兵把守自己的各条行动线，而处在有利位置的玩家则可以肆无忌惮地全军出击。而这引出了德州扑克里另一个重要话题——反主动下注。

四、反主动下注

"反主动下注"是指前一条街的被动防守方在下一条街主动从不利位置发起进攻。反主动下注的英文是 donk，驴的意思，是一个贬义词。因为在德州扑克游戏发展的早期，这种下注被认为是糟糕玩家的标志。如果你看懂了前面所讲的位置的意义，就明白这种刻板印象在现实中并不是没有根据的：下注于前一街的进攻者很少是正确的，在权益不占优势的情况下，主动拆分自己的范围去进攻有权益优势的一方，就好比用本就少于对手的兵力去进攻对手全部兵力把守的阵地。

表3是求解器基于GTO策略显示的大盲位玩家在各种筹码量，以及面对前、中、后位对手时翻牌反主动下注平均频率。

表3　大盲位玩家在各种筹码量，以及面对前、中、后位对手时翻牌反主动下注平均频率（%）

Stack	vs UTG	vs HJ	vs BTN
100	1.7	2.6	2.5
80	1.9	2.7	2.5
50	1.2	1.3	1.7
40	0.9	1.0	2.0
30	0.7	1.2	2.4
20	1.4	3.8	3.5
14	1.6	—	1.8

随着开池加注者的位置越来越靠后，反主动下注似乎会稍微多一些，但总的来看，最明显的趋势就是大盲位玩家几乎不应该反主动下注，除非这样做有明显的剥削目的。

反主动下注通常不是初学者学习的首要任务，在深入研究它之前，最好坚持一个简单的规则，即永远不要反主动下注。

但这并不是整个理论的全部。我们来看另几张表——大盲位玩家面对不同位置开池者的反主动下注频率（按翻牌圈的高牌排序）（见表4～表6）。

表4 大盲位玩家面对庄位开池者的反主动下注频率（%）

Donk Bet% by Flop High Card - BB vs BTN

Stack Depth	2	3	4	5	6	7	8	9	T	J	Q	K	A
100bb	0	18	25	26	28	10	3	1	1	1	1	0	0
80bb	0	15	24	29	30	9	3	1	1	1	1	1	0
50bb	0	1	12	19	23	7	2	1	0	0	1	0	0
40bb	0	0	1	10	24	13	4	2	1	0	1	0	0
30bb	0	0	4	12	31	21	4	1	0	1	1	0	0
20bb	0	0	5	14	33	27	10	2	2	2	1	0	0
14bb	0	1	5	7	20	1	0	2	0	1	3	1	0

表5 大盲位玩家面对劫持位开池者的反主动下注频率（%）

Donk Bet% by Flop High Card - BB vs HJ

Stack Depth	2	3	4	5	6	7	8	9	T	J	Q	K	A
100bb	0	0	9	24	18	15	11	3	1	0	0	0	1
80bb	0	0	10	22	17	17	10	2	1	0	0	0	1
50bb	0	0	6	13	11	10	4	1	0	0	0	0	0
40bb	0	0	4	11	10	8	5	0	0	0	0	0	0
30bb	0	0	5	9	16	8	3	0	0	0	0	0	0
20bb	0	0	6	14	37	28	13	7	0	0	0	1	0

表6 大盲位玩家面对枪口位开池者的反主动下注频率（%）

Donk Bet% by Flop High Card - BB vs UTG

Stack Depth	2	3	4	5	6	7	8	9	T	J	Q	K	A
100bb	0	0	7	10	8	8	5	3	1	0	0	0	1
80bb	0	0	11	13	9	8	6	3	1	0	0	0	0
50bb	0	0	8	7	6	4	4	3	1	0	0	0	0
40bb	0	0	4	5	5	3	3	2	0	0	0	0	0
30bb	0	0	0	5	7	6	3	1	0	0	0	0	0
20bb	0	0	0	2	13	16	5	0	0	0	0	0	0
14bb	0	0	0	2	11	14	11	1	0	0	0	0	0

通过以上数据，我们可以看到在一些特定的翻牌圈，反主动下注实际上是大盲位玩家策略的重要组成部分。但由于翻牌发出低牌的概率很小，因此反主动下注整体频率特别低。但我们要明白，当

翻牌出现6或5高牌时，大盲位玩家站出来下注并不一定是一种错误的行为。

反主动下注什么时候是正确的

事实上，几乎所有大盲位玩家的反主动下注都发生在低牌翻牌圈，并且牌面总是充满连接性。低连接公共牌面是翻牌前加注者持续下注最差的情况，而这正是大盲位玩家最常见的反主动下注的时候。

一般来说，反主动下注仅发生在大盲位玩家不期望对手持续下注的时候。这是因为在翻牌前加注者无论如何都应该下注的牌面上，大盲位玩家没有理由先发制人。无论大盲位玩家希望做价值下注还是诈唬，他都更愿意让对手先将筹码放入底池中。

有两个因素使得翻牌圈不太适合翻牌前的进攻者继续下注：

（1）翻牌前加注者失去权益优势。一般来说，翻牌前加注者的范围比跟注的大盲位玩家强得多，因此在整体牌面上具有明显的权益优势，这使他能够以高频率下注，并且迫使大盲位玩家弃牌。只有非常特定的翻牌圈，通常是低连或中连牌，才能使大盲位玩家的胜率接近50%。

（2）大盲位玩家翻牌后获得坚果优势。这并不意味着字面上的坚果。事实上，在筹码很浅的情况下，任何顶对甚至某些第二大对子都足够强大，可以充当坚果牌。但是，在有些翻牌圈，大盲位玩家很容易击中顺子、两对，翻牌前加注者较难继续下注，因为存在过牌加注的风险。

例如，图75是翻牌为654彩虹面，20个大盲有效筹码，枪口位玩家与大盲位玩家的关键数据比较。

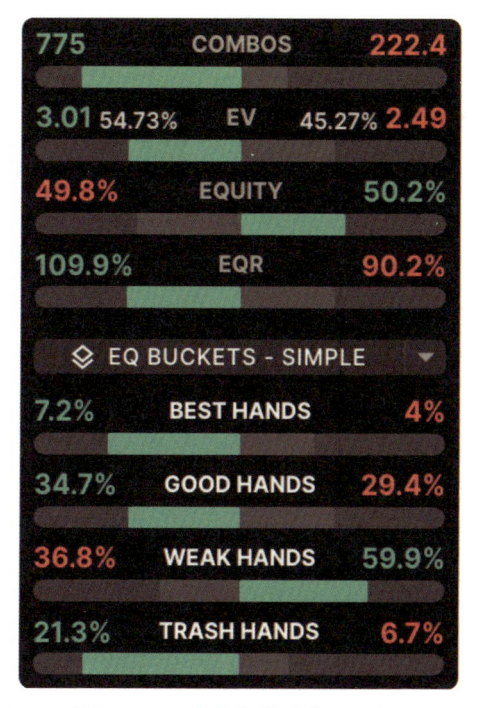

775	COMBOS	222.4
3.01 54.73%	EV	45.27% 2.49
49.8%	EQUITY	50.2%
109.9%	EQR	90.2%

◆ EQ BUCKETS - SIMPLE

7.2%	BEST HANDS	4%
34.7%	GOOD HANDS	29.4%
36.8%	WEAK HANDS	59.9%
21.3%	TRASH HANDS	6.7%

图 75 翻牌为 654 彩虹面，20 个大盲有效筹码，枪口位玩家与大盲位玩家关键数据比较（左边是大盲位玩家，右边是枪口位玩家）

大盲位玩家在此位置反主动下注其范围的 60%。请注意，赢率几乎是 50/50，大盲位玩家持有更多的坚果牌和大牌。为了进行比较，图 76 显示了相同情况下翻牌为 9TJ 彩虹面时的关键数据，大盲位玩家不会反主动下注。

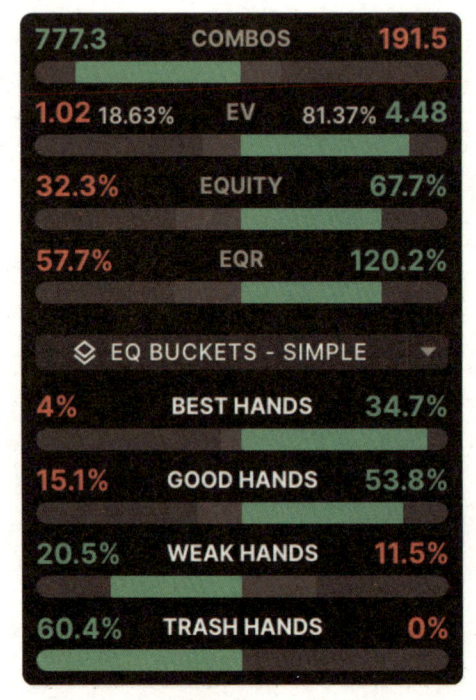

```
777.3          COMBOS         191.5
1.02  18.63%    EV     81.37%  4.48
32.3%         EQUITY          67.7%
57.7%          EQR            120.2%

◇ EQ BUCKETS - SIMPLE  ▼

4%          BEST HANDS        34.7%
15.1%       GOOD HANDS        53.8%
20.5%       WEAK HANDS        11.5%
60.4%       TRASH HANDS        0%
```

图 76 翻牌为 9TJ 彩虹面时的关键数据比较（左边为大盲位玩家，右边为枪口位玩家）

应该反主动下注哪些牌

即使我们确定了翻牌圈适合反主动下注，仍然存在一个棘手的问题：哪些牌属于我们的下注范围？

图 77 显示了翻牌为 764 彩虹面、面对 20 个大盲有效筹码，枪口位玩家开池时大盲位玩家的反主动下注范围。这是所有位置和筹码量中出现频率最高的反主动下注点之一。

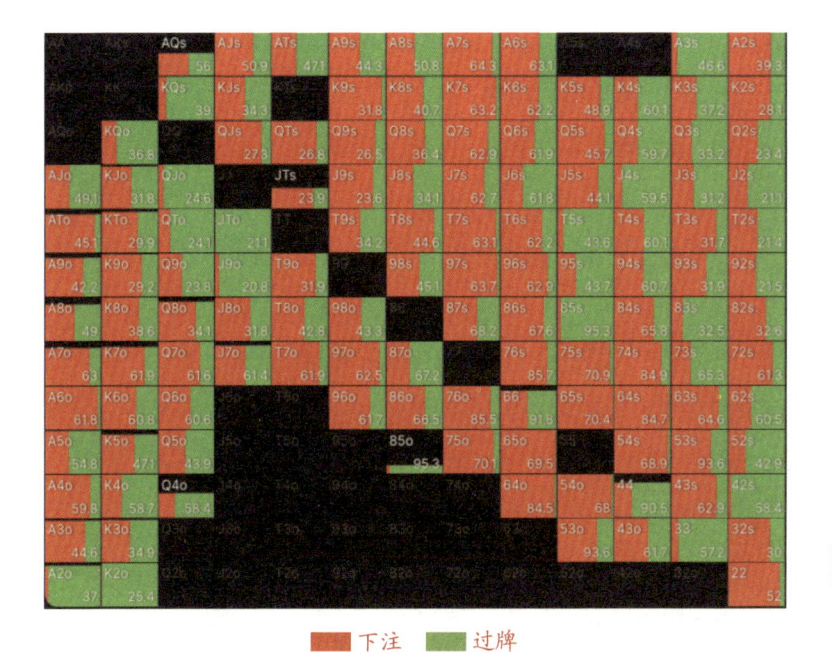

图 77　20 个大盲有效筹码，翻牌为 764 彩虹面，大盲位玩家的反主动下注范围

正确实施反主动下注如此具有挑战性的部分原因是，即使在这个出现频率相对较高的情况下，许多手牌的选择也不明显或不直观。然而，我们可以首先注意到大盲位玩家反主动下注的手牌的一些趋势：

（1）无论踢脚牌如何，顶对几乎是纯下注的牌。

（2）第二大的对子也是下注频率非常高的牌。

（3）大多数两头顺子会下注。

（4）大盲位玩家的更好的 Ax 和 Kx 牌会大量下注。

我们还可以看看什么样的牌不下注。大盲位玩家通常会过牌的牌是：

（1）较小的不同花高牌（QJo、JTo）。

（2）A2o 和 K2o 不仅踢脚较弱，而且缺乏 A3 和 K3 所具有的顺子听牌。

（3）最差的对子，特别是如果也有顺子（33 主要是过牌，但 22 主要是下注）。

在坚果牌的组合中，大盲位玩家主要过牌 85，这阻挡了枪口位玩家最重要的持续下注组合，如 98、88 和 87，但主要下注 53。慢玩三条和两对不太理想，因为转牌的出牌很容易冻结行动，甚至让三条在河牌变成一手边缘牌。

理解这些原则可以让我们深入了解反主动下注到底实现了什么。

请注意，这是一个小尺度的下注，只有 33% 底池。面对不利位置的玩家下的小尺度注，枪口位玩家通常很少弃牌。这意味着大盲位玩家在下注时大部分都会用具有良好胜率的牌下注，但在某种程度上仍然可以从阻挡对手实现底池权益中受益。换句话说，在这个范围内几乎没有空气牌诈唬。A2o 和 K2o 是大盲位玩家胜率最低的牌，而且这些牌都是纯粹的过牌。

关注反主动下注的目的，一般被认为是薄价值的（用权益并不具有很大优势的手牌价值下注）或者保护自己的对子不被对手的高牌反超。

ATo 和 KTo 不仅仅可用于诈唬，虽然它们有时会导致像 AJo 和 KQo 这样的被统治的牌弃牌，但它们也会被一些它们统治的牌跟注，比如 QTs 和 K9s。它们阻挡了 QJo 的权益实现，因为

QJo不仅有8个出牌，而且在后面的街道上也有位置优势。通过反主动下注，我们可以阻挡对手的权益实现，并且在转牌发出T时继续下注以获得价值，或者在转牌发出A或K时过牌并诱导诈唬。

下注这么多中等强度牌的危险在于会诱导枪口位玩家加注。因此，大盲位玩家需要平衡那些害怕被加注的牌和被加注时做得很好的牌，这些牌不仅包括暗三条和顺子，还包括75、65和54，它们可以全下以阻挡枪口位玩家诈唬的权益实现，同时即使面对跟注的强牌，也能保持一定的权益。总体来说，大盲位玩家大部分下注范围需要既可以阻挡对手的权益实现，也可以在被加注后跟注时保持良好的权益和可玩性。

筹码深度的影响

一般来说，较浅的筹码深度更有利于反主动下注。在SPR（筹码底池比）为3∶1的情况下，持有T7被加注并不是那么可怕。大盲位玩家在这个翻牌圈中实际上并没有更多的大牌，但他确实有更多的好牌。凭借只有20个大盲的优势，一个顶对就足以被视为坚果牌。

在有效筹码为100个大盲的情况下，大盲位玩家仍然在翻牌为764彩虹面时行一些反主动下注，但频率减少了近2/3。更深的筹码让大盲位玩家更难持有值得全下的牌，这反过来又使他更容易被加注（或大下注，如果他不为他的过牌范围保留一些坚果牌）。因为不仅像T7这样的顶对不能再作为坚果牌来玩，由于筹码变深，大盲位玩家翻牌前的跟注范围没有那么多53o。

当有效筹码达 100 个大盲时，大盲位玩家的胜率较小，好牌也较少（见图 78），因此反主动下注较少。

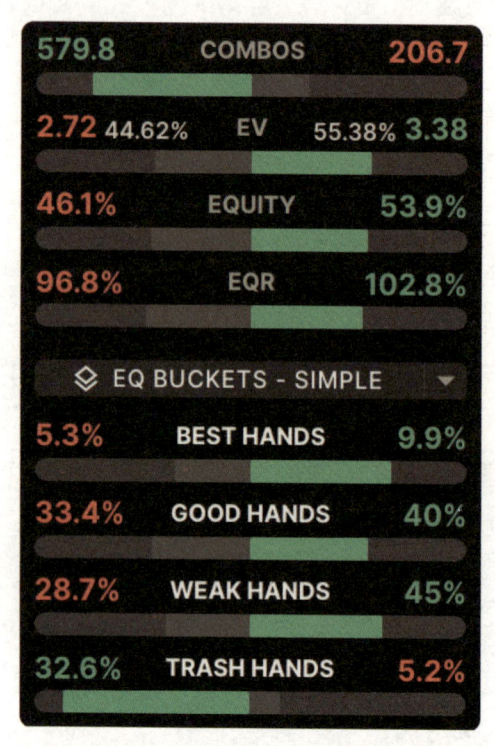

	大盲位玩家	庄位玩家
COMBOS	579.8	206.7
EV	2.72 (44.62%)	3.38 (55.38%)
EQUITY	46.1%	53.9%
EQR	96.8%	102.8%
BEST HANDS	5.3%	9.9%
GOOD HANDS	33.4%	40%
WEAK HANDS	28.7%	45%
TRASH HANDS	32.6%	5.2%

图 78　100 个大盲有效筹码，庄位玩家与大盲位玩家翻牌圈关键数据对比（左边是大盲位玩家，右边是庄位玩家）

在有效筹码达 100 个大盲时，大盲位玩家在翻牌圈反主动下注最多的是 654 彩虹面（见图 79），频率略低于 764 彩虹面（20 个大盲有效筹码），但范围的组成非常相似。

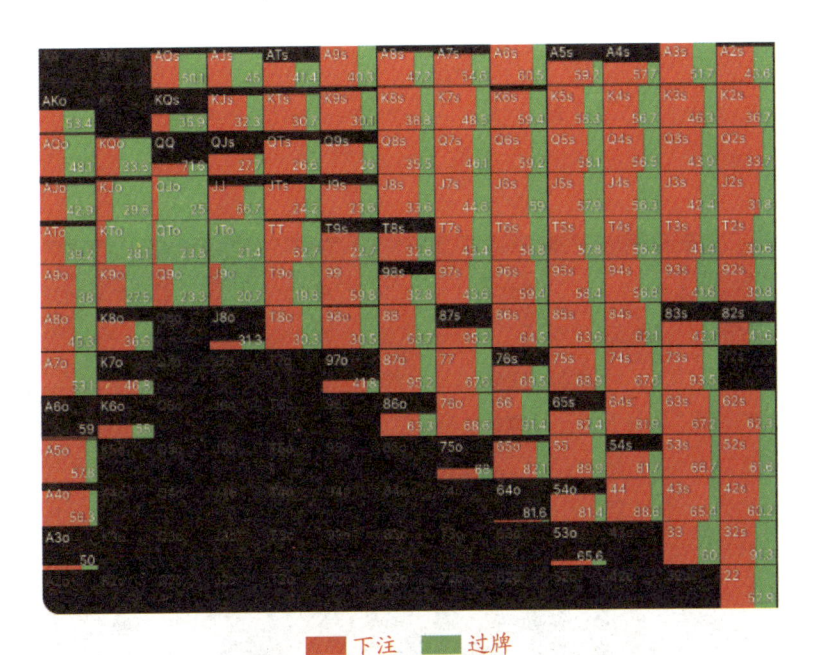

图 79　100 个大盲有效筹码，翻牌为 654 彩虹面，大盲位玩家的反主动下注策略

主要的过牌范围是较弱的非同花高张，这些牌没有可靠的补牌，甚至缺乏后门顺子或同花听牌，即便组成顶对，也面临着被统治的风险。

此外，我们要注意大盲位玩家面对不同位置玩家的坚果优势的不同策略。枪口位玩家的范围里 87、65、54 和 32 的组合非常少，有些谨慎的玩家的范围里甚至没有 44，这使得枪口位玩家不能过于激进地加注大盲位玩家的反主动下注。

而面对庄位玩家时则不同，大盲位玩家几乎不会在翻牌圈对抗庄位玩家时频繁地反主动下注，因为庄位玩家的范围内会有更多顺子和两对。

当有效筹码为 20 个大盲时，大盲位玩家仍然会在 654 彩虹面的翻牌圈积极地反主动下注（见图 80）。

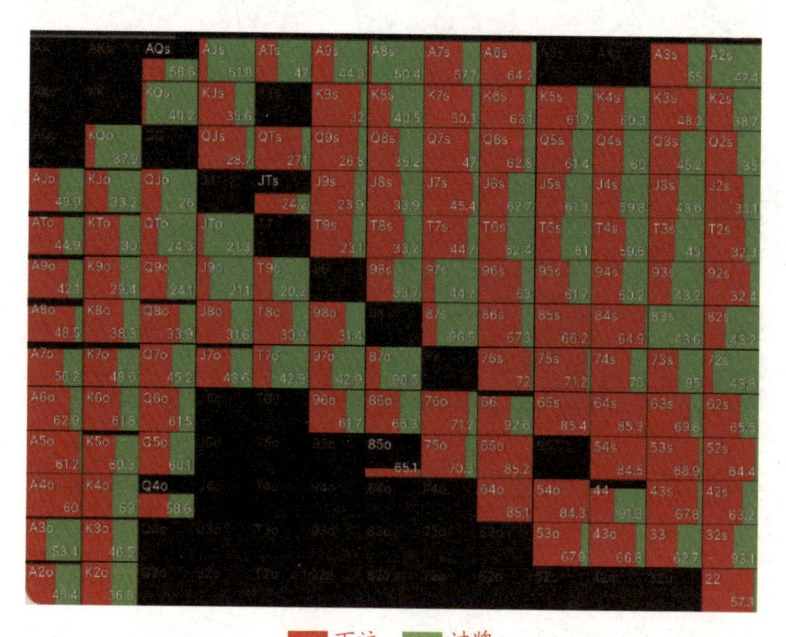

图 80 654 彩虹面，20 个大盲有效筹码，大盲位玩家的反主动下注策略

尽管反主动下注频率相似（甚至更高一点），但范围上存在一些差异。对于 20 个大盲有效筹码，大盲位玩家从不下注 A8s 或 83s，这些组合在筹码更深的时候才高频下注。对于这些组合，较浅的筹码对他不利，因为对手更容易用全下来回应他的反主动下注，从而使他无法实现自己的权益。

面对大盲位玩家的反主动下注，枪口位玩家在 20 个大盲有效筹码时的均衡策略是对大约 16% 的手牌全下。你可以从图 81 中看到，A8s 是纯粹的弃牌，而 83s 权益是 36%，比需要跟注的 39% 略低。

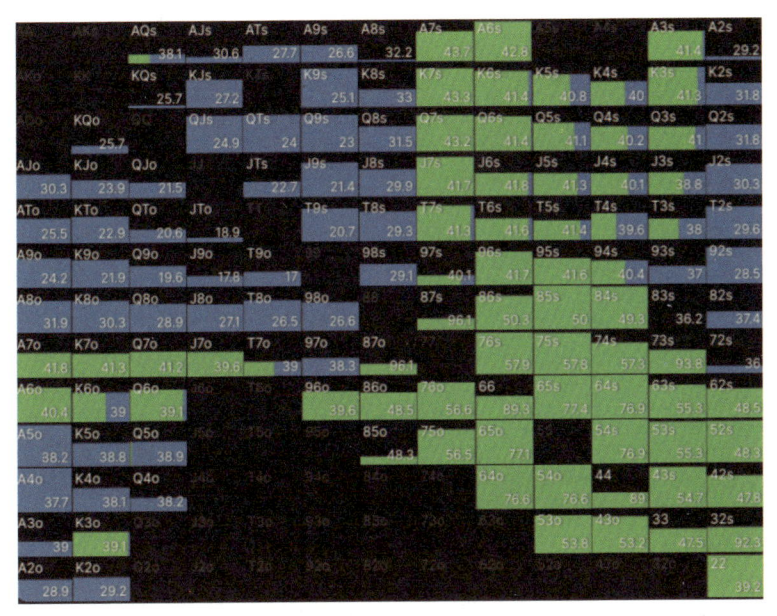

跟注　弃牌

图 81　大盲位玩家面对对手全下的策略

总的来说，大盲位玩家如果想要反主动下注，必须满足两个条件：

（1）权益分布足够接近，以至于不能指望翻牌前加注者在翻牌圈高频率持续下注。大盲位玩家不一定需要有权益优势，但他不应该处于明显劣势。

（2）牌面是动态的，大盲位玩家很大一部分组合需要被保护。此外，大盲位玩家必须拥有坚果优势，使得对手不能通过大幅地加注攻击他的反主动下注。

大部分翻牌圈很少同时满足以上两个条件，这就是为什么翻牌圈反主动下注很少见的原因。但在一些特定的翻牌圈，包括低牌和中牌，大盲位玩家实际上有必要制定反主动下注的范围。

五、阻止注有意义吗

在前面的例子中，我们可以看到，在不利位置的玩家往往会在河牌用一个边缘的范围做一个很小的下注，似乎要阻挡对手可能的大尺度下注。这种行为背后的逻辑很长时间以来都不太被人理解。

关于阻止注，我们经常听到以下几种说法：我们下阻止注是因为一些特定的手牌往往不想遇到对手更大的下注，又或者我们下阻止注的目的是引诱对手加注等。

德州扑克中有一个鲜为人知的秘密：第一个下注者比加注相同金额的人享有更好的诈唬赔率。

我们先通过一个例子来说明这个原理（见图82）。

图82　单加注底池，底池为6个大盲

小盲位玩家下注 3 个大盲（下注 50% 底池），大盲位玩家加注至 9 个大盲（加注 50% 底池）。

让我们计算一下两位玩家的诈唬赔率。

小盲位玩家需要 3/（3+6）≈ 33% 的弃牌率才能通过诈唬获利。

大盲位玩家需要 9/（3+6+9）=50% 的弃牌率才能通过诈唬获利。

表 7 初始下注和加注的底池赔率、最小防守频率和 Alpha

下注/加注	MDF	Alpha	底池赔率
下注50%底池	67%	33%	25%
加注50%底池	50%	50%	25%

从表 7 中可以看到，下注和加注的底池赔率相同。尽管如此，初始的下注需要较小的弃牌率就可以使诈唬有利可图！我们还可以考虑逆计算 MDF。最低防守频率描述了玩家防止对手有利可图的诈唬所必需的防守频率。小盲位玩家面对加注时，最多只需要防守其范围的一半。而面对初始下注时，小盲位玩家需要防守其范围的 2/3。

有趣的是，这里双方的底池赔率没有改变，但相对于防守对手的加注，我们面对相同比例的初始下注不需要防守同样大的范围，而同时，有利可图的跟注所需的权益不会改变。

表 8 显示了与初始下注相比，我们在被加注时需要多少额外的弃牌率。例如，我们过牌，对手下注 50% 底池，我们需要 33% 的弃牌率。但如果我们下注 30% 底池，对手加注 50% 底池，则我们需要 45.83% 的弃牌率。因此我们需要约 13% 的额外弃牌率！

表 8　与初始下注相比，我们在被加注时需要的额外的弃牌率

Bet%		Raise%								
		10%	20%	30%	40%	50%	60%	70%	80%	90%	100%
	10%	8%	7%	6%	6%	6%	5%	5%	5%	4%	4%
	20%		12%	11%	10%	10%	9%	8%	8%	8%	7%
	30%		16%	14%	13%	13%	12%	11%	10%	10%	9%
	40%			17%	16%	15%	14%	13%	12%	12%	11%
	50%			19%	18%	17%	16%	15%	14%	13%	13%
	60%			21%	19%	18%	17%	16%	15%	14%	14%
	70%			22%	21%	19%	18%	17%	16%	15%	15%
	80%				22%	21%	19%	18%	17%	16%	15%
	90%				23%	21%	20%	19%	18%	17%	16%
	100%				24%	22%	21%	20%	19%	18%	17%

我们可以看到，在加注最小时效果最明显，此时我们通常可以在诈唬中获得最好的价格。这也与阻止注的一些效用直接相关。

这种效应背后的原因实际上是相当直观的，获得初始底池是诈唬和跟注的动机。随着一系列加注的发生，初始底池的规模对于我们的激励作用会缩小。为了更直观，想象一下你在翻牌前面对100个大盲的5Bet全下，最初的1.5个大盲的底池现在对全下的风险/回报率几乎没有影响。同样的概念也适用于此。随着一系列下注和加注的发生，初始底池变得不再那么重要。

让我们回到前面的例子（见图83）。

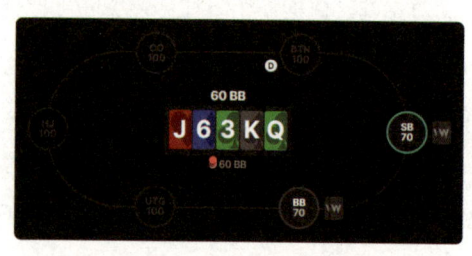

图 83　大小盲位玩家对抗的牌局

小盲位玩家开池 3 个大盲，大盲位玩家跟注。翻牌为 J♥ 6♦ 3♣，小盲位玩家持续下注 50% 底池，大盲位玩家加注 50% 底池，小盲位玩家跟注。转牌是 K♠，大盲位玩家下注 75% 底池，小盲位玩家跟注。河牌是 Q♣。

Q♣ 对于小盲位玩家来说是一张不错的牌，可以将他许多较弱的一对变成两对。因此，小盲位玩家制定了一个反主动下注策略——阻止下注（见图 84）。

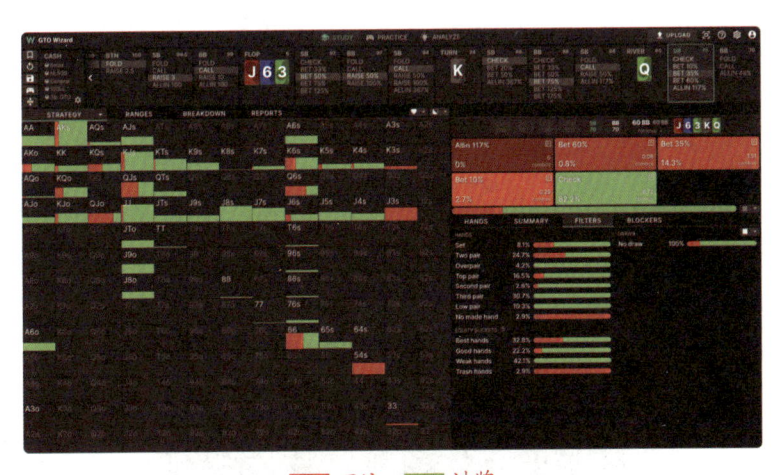

图 84　小盲位玩家在河牌的下注策略

小盲位玩家在翻牌圈跟注，然后在转牌圈跟注，此时小盲位玩家的范围主要集中在成手牌上，而听牌很少。并且，大盲位玩家在这个河牌上有太多的诈唬。这并不是双方策略上的错误，而只是德州扑克的本质。有些出牌对你有利，有些则对你不利。

通过观察权益分布（见图 85）我们可以看到，没有哪位玩家真正拥有坚果优势，但小盲位玩家凭借其范围内没有垃圾牌而拥有权益优势。

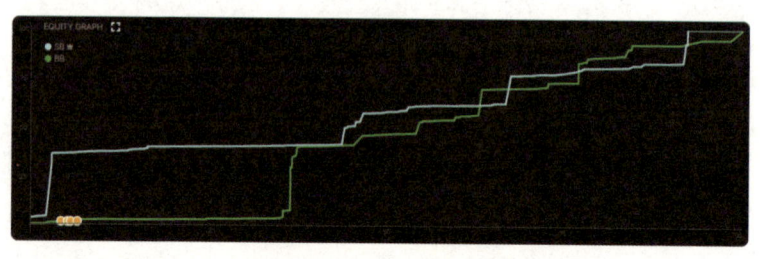

图 85　河牌的权益分布

因此，小盲位玩家反主动下注 35% 底池，代表价值范围为两对+，以及一些边缘顶对。图 86 显示了反主动下注的手牌范围。

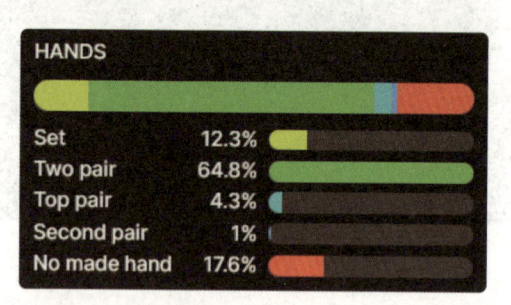

```
HANDS
Set            12.3%
Two pair       64.8%
Top pair        4.3%
Second pair      1%
No made hand   17.6%
```

图 86　小盲位玩家反主动下注的手牌范围

此时小盲位玩家反主动下注有几个原因。一个是利用自己中等权益手牌的优势，让这部分牌获得更高的 EV。另一个是如果自己全范围过牌，实际上会导致自己的过牌范围太强，以至于大盲位玩家可以用更多的过牌来剥削小盲位玩家。但隐藏在游戏数学中的更深层次的原因之一是,与过牌加注相比,小盲位玩家的优先下注优势为他提供了有利的诈唬赔率。

我们惊讶地发现,面对这个反主动下注,大盲位玩家即便全下也只有48%底池的大小,这造成尽管他的加注比小盲位玩家反主动下注更大,但他需要诈唬的频率却更小。

当大盲位玩家全下最后150%底池时,小盲位玩家只需要防守其范围的50%,而如果小盲位玩家过牌并面对半池下注,则需要防守其67%的范围(见图87)。

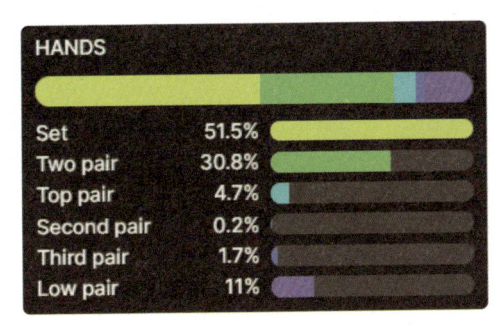

```
HANDS
Set         51.5%
Two pair    30.8%
Top pair    4.7%
Second pair 0.2%
Third pair  1.7%
Low pair    11%
```

图87　大盲位玩家加注的手牌范围

这里我们要注意,虽然小盲位玩家在诈唬时略微获得了优势,但并不意味着小盲位玩家就可以随意地在不利位置下注。

可以应用阻止注的场景一般具有非极化的权益分布特点。

区分极化还是非极化,一个最简单的标准就是下注或跟注次数的多少。一方下注的次数越多,他的权益就越趋向于极化;另一方跟注的次数越多,他的权益就相对被压缩了。如果双方都大量过牌。那么双方都保留了权益范围内很多的牌,就是非极化的。

河牌圈的阻止注在下面四种情况中经常出现：

（1）一方在前面的回合采取极化的范围下注，但是河牌的出牌极大地改变了双方的权益分布。

（2）通常在翻牌圈双方过牌，在转牌圈前位小尺度下注。

（3）处在不利位置的玩家在翻牌圈过牌跟注了处在有利位置的玩家的下注，然后在转牌圈双方过牌。

（4）双方在翻牌圈和转牌圈全都过牌。

总的来说，在阻止注出现的场景中，大部分时候处在不利位置的玩家的整体范围并不弱于处在有利位置的玩家，且双方的范围都有大量边缘牌（权益在40%～60%）组合，如果处在不利位置的玩家采用全过牌或者下大注的策略，会导致自己的过牌范围过强，从而让处在有利位置的玩家的边缘牌可以轻松地随后过牌，实现自己的底池权益。

阻止注的意义在于，处在不利位置的玩家主动从自己的过牌范围中分离出一分部范围下注，一方面可以使处在有利位置的玩家形成边缘组合牌，不再可以轻松地随后过牌，而是不得不处于弃牌、跟注和再加注的艰难决策当中。另一方面，阻止注的出现削弱了处在不利位置的玩家的过牌范围，让处在有利位置的玩家的边缘牌开始有了下注的动机，不假思索地随后过牌可能会造成EV的损失。

第九章

筹码深度对策略的影响

一、在不同筹码深度下的策略

在前文中,我们讨论了范围、权益和位置等诸多因素对策略的影响,这一章我们来讨论策略制定中极易被忽视的一个因素——筹码深度。

即便在相同的位置,不同的筹码深度往往对应着不同的策略。

我们先来看锦标赛中 100 个大盲筹码深度下,枪口位玩家的开池范围(见图 88)。

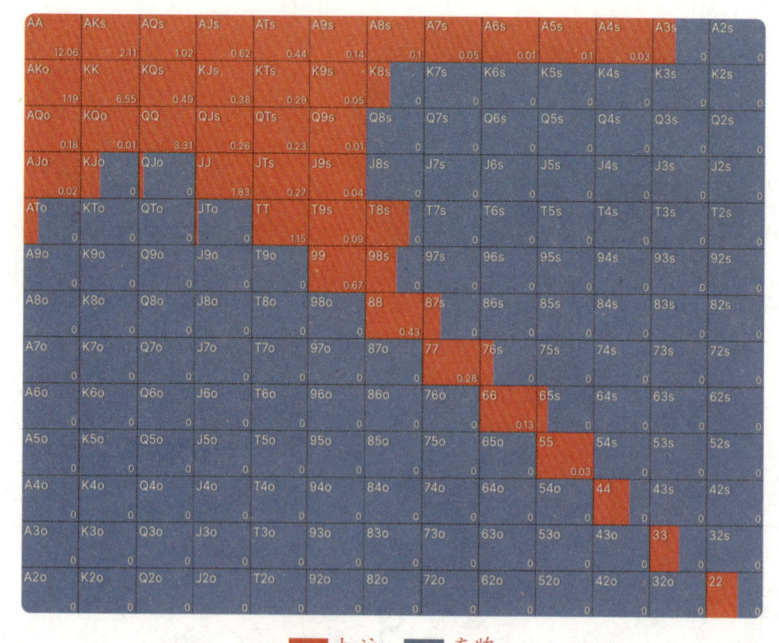

图 88 100 个大盲有效筹码,枪口位玩家的开池范围

第九章 筹码深度对策略的影响

枪口位玩家主要以线性范围为主,并在一定程度上兼顾翻后牌面覆盖率。低牌面由 Ax 同色组合和小对子覆盖,该范围还通过偶尔使用的同花连张与中间牌面进行一些交互。总体来讲,高张牌面对我们更为有利。

让我们将其与锦标赛中的 50 个大盲筹码深度下,枪口位玩家的开池范围进行比较(见图 89)。

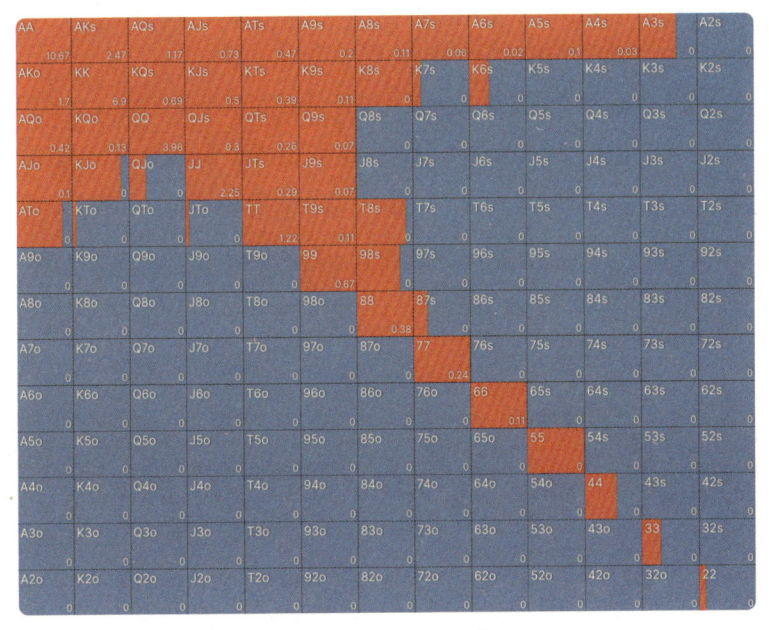

图 89 50 个大盲有效筹码,枪口位玩家开池范围

值得注意的是,整体开池比例从 16.5% 上升至 17.7%。这可能会让一些人感到惊讶,他们认为更深的筹码意味着更宽的范围。这

是一种误解。

在50个大盲筹码深度下，A3s、ATo、K8s、KJo和QJo等牌的开池加注频率会增加，范围中还添加了KTo、K7s和K6s等新手牌。为了保持整体频率相对稳定，一些手牌需要让路，要么完全移出范围，如65s、76s；要么少玩，如44、33和22。所有这些牌的共同点是它们都包含2、3、4、5、6等低牌。

其原因在于权益实现（EQR）。有些牌在较浅筹码深度时比在较深筹码深度时实现权益要容易得多，反之亦然。

像22这样的手牌在100个大盲筹码深度下更有价值。当我们中了三条，我们可以赢得一个巨大的底池。在50个大盲筹码深度下，击中一个暗三条收益较低，不仅隐含赔率会降低，而且当我们没有击中牌时，我们通常不得不放弃更大比例的筹码。

然而，很多手牌在50个大盲筹码深度下更有价值。像ATo、K8s和QJo这样的手牌在这个筹码深度下不更容易玩的原因是筹码底池比（SPR）降低了。当我们用ATo、K8s或QJo这样的牌组成顶对时，在这个筹码深度下进行全下通常没问题，但在100个大盲筹码深度下做同样的事情通常会带来一场灾难。

图90是在30个大盲筹码深度下的情景。

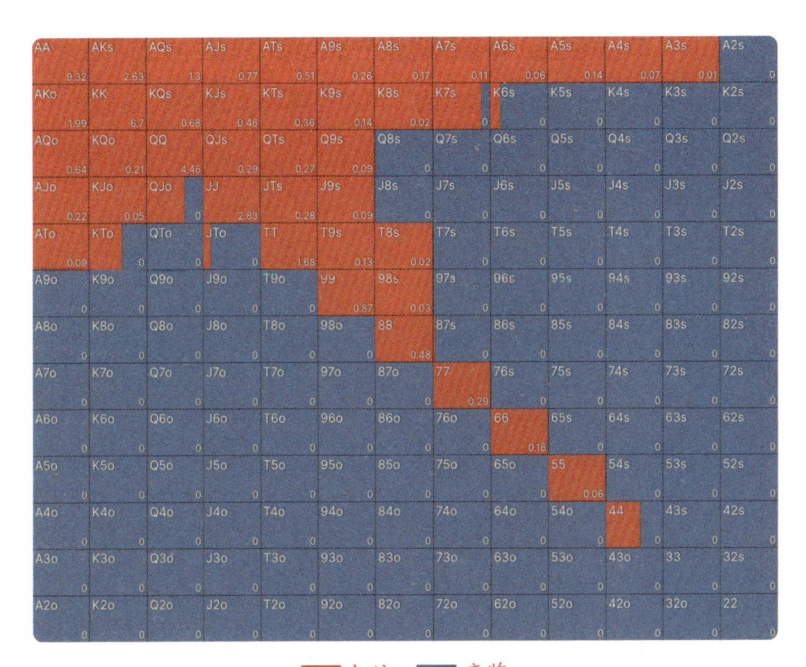

图 90　30 个大盲有效筹码，枪口位玩家的开池范围

我们可玩的手牌比例再次增加，高牌手牌价值上升，但小对子牌价值下降的趋势相同。我们现在完全不玩 33 或 22。我们并没有真正增加任何新牌，但边缘牌的开池加注频率有所上升。

你可能还发现翻牌前的下注已从 2.3 个大盲降至 2.1 个大盲。这主要是因为在更深的筹码深度下，很难建立足够大的底池，以便我们可以在河牌圈全下，因此翻牌前和翻牌后的下注通常比浅筹码深度时更大。在 30 个大盲时全下比深筹码时要容易得多，我们在翻牌圈开始行动就足够了，因此翻牌前的下注不需要那么大。

图 91 是在 20 个大盲筹码深度下枪口位玩家的开池范围。

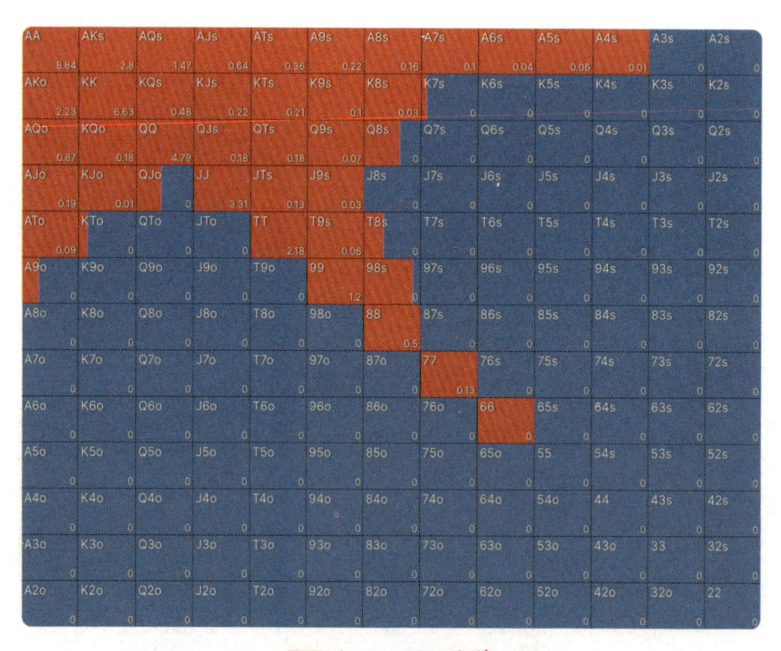

图 91 20个大盲有效筹码，枪口位玩家的开池范围

我们现在已经到了一个拐点，范围开始收紧了。我们现在玩的最弱的口袋对是 66，我们已经开始看到同花高牌和低踢脚牌（如 A3 和 K7）在减少。另外，这个开池范围包含了 A9o。

值得注意的是，牌面覆盖率变得不再那么重要。如果翻牌圈有 3 或 2，我们不再覆盖所有的公共牌面。原因很简单，现在的 SPR 太低了，如果我们击中任何顶对甚至第二大的对子，我们都会很乐意全下。另一个次要原因是游戏在翻牌后比翻牌前变化更大，翻牌前的策略变得更加重要。因此，翻牌后的牌面覆盖率（如公共牌覆盖率）就变得不那么重要了。

这时整体范围更窄，因为我们赢得这手牌更为重要。我们不想在翻牌前进行 3Bet，也不想在翻牌后被迫弃牌，因为我们会牺牲更大比例的筹码。我们的范围更强，并且偏重更多 Ax 类型的牌，这些牌不仅能形成很好的对子，还能阻挡很多跟注或 3Bet 的组合。

下注再次减小，这次是最小加注。

图 92 是 17 个大盲筹码深度下枪口位玩家的开池范围。

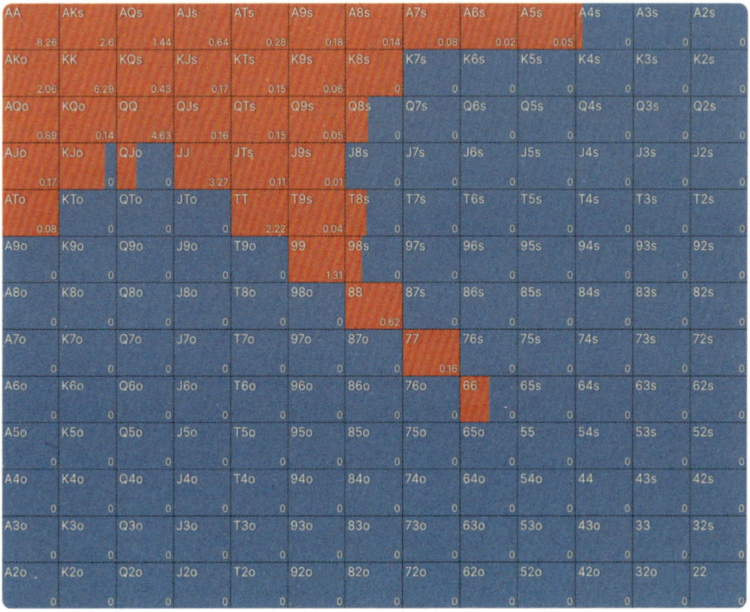

图 92 17 个大盲有效筹码，枪口位玩家的开池范围

此时的范围最窄，具有偏向高牌的趋势。

当筹码深度来到 14 个大盲时，情况变得非常有趣，开池范围如图 93 所示。

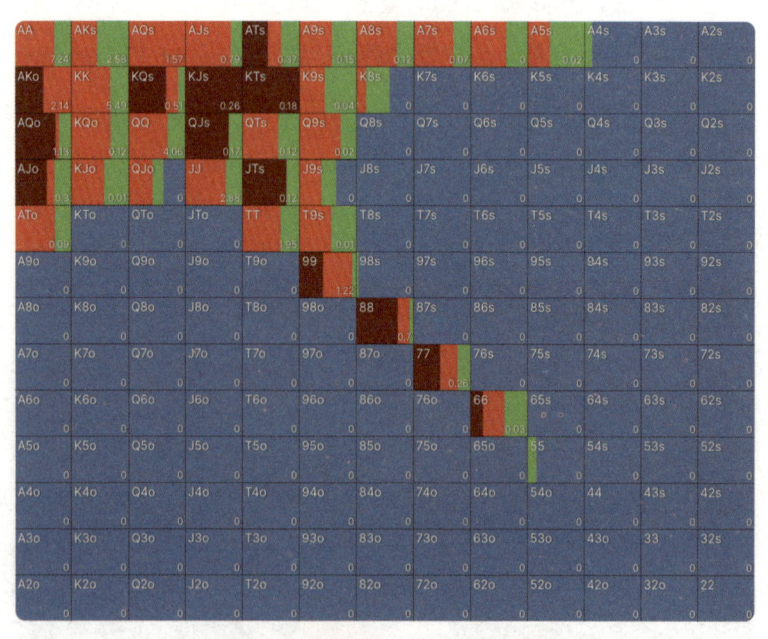

图 93 14 个大盲有效筹码，枪口位玩家的开池范围

这时有许多方面需要关注，但首先要关注的是我们的范围略有增大。我们现在玩 16% 的牌，而在 17 个大盲时则为 15.8%。

全下已成为一种可行的选择。我们的全下范围包括中等口袋对子、强非同花 Ax 和强同花双高牌。这些牌在跟注时都表现良好，但在翻牌前拿下底池也是一个不错的结果。

我们同样可以使用最小加注策略，其范围大概是手牌的 7.5%。

第九章 筹码深度对策略的影响

我们会用大部分牌来进行最小加注开池,尤其是我们手牌范围中最强的部分。更有意思的是我们开始有了溜入的范围,我们溜入 4.6% 的手牌,这在之前的任何范围中都是不可能的。大多数的手牌都可以放在溜入的范围内,同时我们用最强的牌(如 AA 和 KK)溜入作为埋伏,并保护其他溜入范围。

如果我们告诉求解器仅采用加注策略,则整体范围会更窄。我们可以看到,这就是溜入背后的动机:制定一个溜入范围可以让我们玩更多的牌,如 A4 和 55 偶尔会溜入,而 66 既可以加注,也可以溜入。在之前的 17 个大盲筹码深度下,A4 和 55 不在范围内,66 只是在某些时候可以玩。

溜入在浅筹码深度下可行的另一个原因是,溜入会降低对手对我们进行 3Bet 的收益。在 20 个大盲筹码深度下,开池到 2 个大盲时,对手可以全下,他有可能在没有竞争的情况下最多赢得 4.5 个大盲,这对于 20 个大盲筹码来说增加了 22.5% 筹码量。通过溜入,我们将对手的盈利减少到最多 3.5 个大盲,即 20 个大盲的 17.5%。在 20 个大盲筹码深度下,由于全下变得非常有利可图,溜入策略的制定也就变得更容易了,因为这时的溜入范围有些两极分化。如果遇到全下,我们要么立即跟注,要么立即弃牌。

当筹码深度为 8 个大盲时,策略发生了很大变化(见图 94)。

	AKs	AQs	AJs	ATs	A9s	A8s	A7s	A6s	A5s	A4s	A3s	A2s
AA												
5.34	2.6	2.01	1.45	0.97	0.52	0.37	0.25	0.14	0.21	0.12	0.07	0.02
AKo	KK	KQs	KJs	KTs	K9s	K8s	K7s	K6s	K5s	K4s	K3s	K2s
2.36	4.23	0.72	0.48	0.35	0.11							
AQo	KQo	QQ	QJs	QTs	Q9s	Q8s	Q7s	Q6s	Q5s	Q4s	Q3s	Q2s
1.72	0.34	3.48	0.41	0.31	0.08							
AJo	KJo	QJo	JJ	JTs	J9s	J8s	J7s	J6s	J5s	J4s	J3s	J2s
1.12	0.08		2.81	0.33								
ATo	KTo	QTo	JTo	TT	T9s	T8s	T7s	T6s	T5s	T4s	T3s	T2s
0.61				2.26	0.14							
A9o	K9o	Q9o	J9o	T9o	99	98s	97s	96s	95s	94s	93s	92s
0.13					1.72							
A8o	K8o	Q8o	J8o	T8o	98o	88	87s	86s	85s	84s	83s	82s
0						1.36						
A7o	K7o	Q7o	J7o	T7o	97o	87o	77	76s	75s	74s	73s	72s
							1.02					
A6o	K6o	Q6o	J6o	T6o	96o	86o	76o	66	65s	64s	63s	62s
								0.73				
A5o	K5o	Q5o	J5o	T5o	95o	85o	75o	65o	55	54s	53s	52s
									0.45			
A4o	K4o	Q4o	J4o	T4o	94o	84o	74o	64o	54o	44	43s	42s
										0.23		
A3o	K3o	Q3o	J3o	T3o	93o	83o	73o	63o	53o	43o	33	32s
											0.11	
A2o	K2o	Q2o	J2o	T2o	92o	82o	72o	62o	52o	42o	32o	22

■ 全下　■ 弃牌

图 94　8 个大盲有效筹码，枪口位玩家的开池范围

全下范围是基于我们手牌的原始胜率的，这就是为什么小口袋对子又回到了这个范围内，并且同花 Kx 手牌减少了。

现在我们的策略就是全下或弃牌。我们不想进行最小加注，然后不得不弃牌给对手的 3Bet 并损失自己 2 个大盲的筹码（我们一共只有 8 个大盲）。全下意味着当我们被跟注并获胜时获得最大收益，并且也使我们更有可能在翻牌前拿下底池。当我们让所有人在翻牌前弃牌，我们会增加 31.25% 的筹码量。（1.5 个盲注和 1 个大盲前注），这是非常有利可图的。这就是我们的范围扩大的原因。我们现在可玩 20% 的牌，而在上一个例子中是 16%。

这种趋势在筹码深度为 5 个大盲时继续（见图 95）。

我们几乎可玩 25% 范围的牌，因为翻牌前拿下这手牌会使我们的筹码量增加 50%。

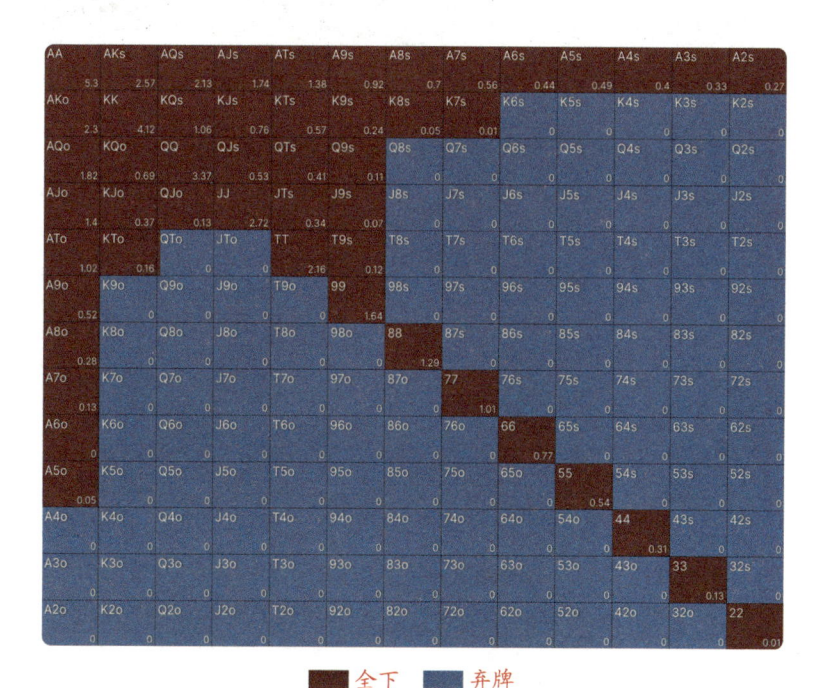

图 95　5 个大盲有效筹码，枪口位玩家的开池范围

图 96 是筹码深度降到 2 个大盲时的情景。

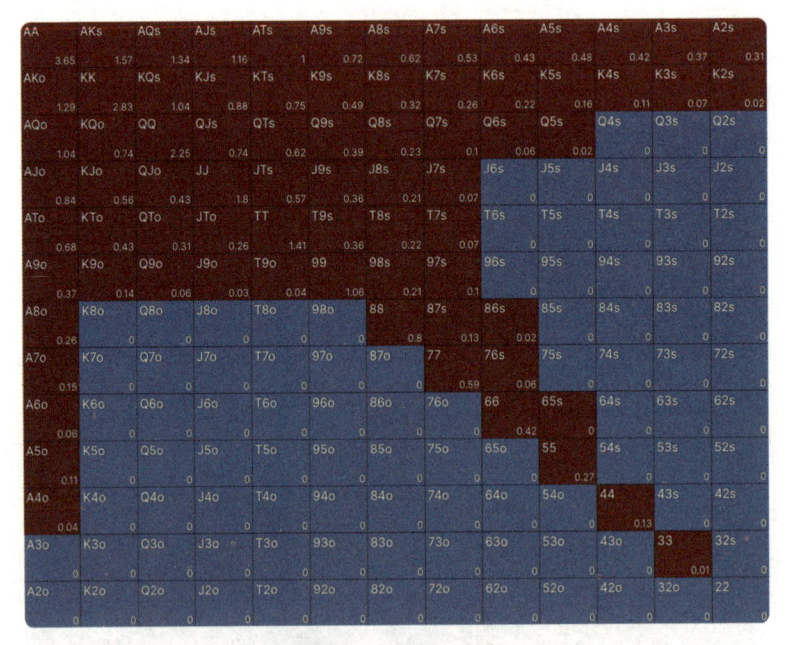

图 96　2 个大盲有效筹码，枪口位玩家的开池范围

现在我们可以玩 36.5% 的牌。如果我们能在翻牌前拿下底池，对我们来说是一个惊人的结果，但这永远不会发生。这个范围之所以会变得这么宽，是因为牌桌上的其他玩家会跟注我们，例如，大盲位玩家会用 100% 的牌跟注。因此，相对于 100% 的跟注范围，我们的前 36.5% 的手牌组合将会有利可图。

二、不同策略的意义

通过以上的分析我们发现，筹码深度对策略的影响并不遵循线性原则。当筹码变浅时有时我们会扩大范围，有时我们会收紧范围。

我们根据求解器算出的 2～100 个大盲筹码深度下枪口位玩家开池的范围绘制了图 97。正如我们看到的，总体趋势是范围逐渐变窄（紧），在大约 8 个大盲和 35 个大盲之间，范围变得更窄。

UTG Open by Stack Depth
8-Max MTT - 12.5% Ante (Chip EV)

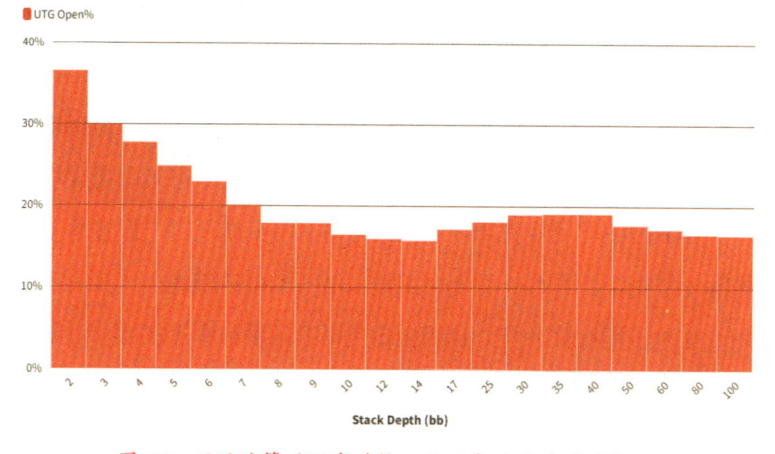

图 97　不同的筹码深度对枪口位玩家开池范围的影响

开池范围在 35 个大盲左右变得更窄可能并不奇怪，这是众所周知的锦标赛中最棘手的筹码深度——不够深，无法有很多选择，但又较深，无法通过全下或弃牌来简化决策。

随着筹码深度变浅，筹码底池比和底池赔率决定了我们的行动。我们赢得的任何底池都会使我们的筹码量增加相对较大的百分比。因此，在大多数情况下，我们可以玩更多牌，因为它们变得更有利可图。

重要的是要注意哪些牌在什么筹码深度下更有利可图。当筹码深度为100个大盲时，使用小对子进行投机，击中三条更有利可图。此时我们需要一手非常大的牌才能全下，而顶对类型的牌则不足以全下。同花高牌往往在中等筹码深度时会变得更有利可图，而小对子的收益则较低，因为当我们错过时，我们必须放弃更大比例的筹码。当筹码深度越来越浅时，牌面覆盖范围就变得不那么重要了，而这手牌的原始赢率就变得更加重要，尤其是当战斗主要在翻牌前进行时。

最后，我们在开池下注尺度的选择上很大程度取决于筹码量。当筹码深度较深时，我们开池加注的尺度会较大；当筹码深度较浅时，开池加注的尺度就会较小，因为筹码深度较浅时，很容易在河牌圈完成全下。当筹码深度很浅时，溜入和全下就成为选择。我们溜入是为了能玩更多牌，我们全下是因为翻牌前拿下底池，对我们较浅的筹码深度来说更有意义。

第十章

德州扑克中的多人底池问题

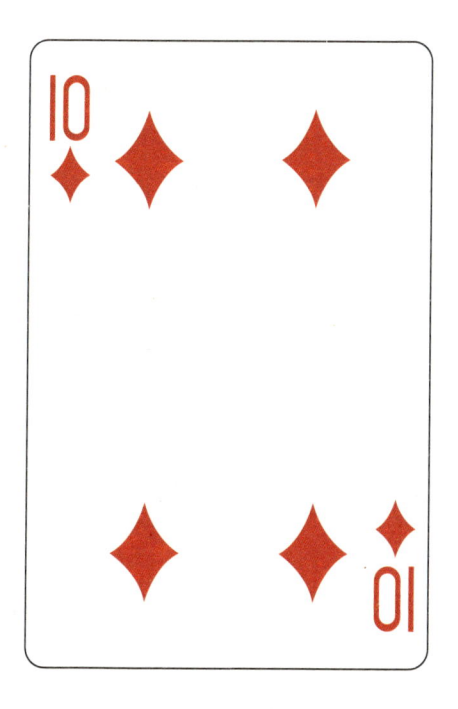

比起人们在单挑底池策略的研究和解释方面投入的工作，多人底池在很大程度上仍然是德州扑克中尚未被充分探索的领域。与单挑底池相比，多人博弈策略具有截然不同的战略理念。正如 Matt Hunt 在他的多人底池课程 Three's a Crowd 中所说的："与翻牌后单挑相比，多人翻牌后更类似于多人翻牌前。"

翻牌前多人时使用的许多策略也适用于翻牌后多人底池。许多玩家误认为这些原则只适用于翻牌前，而实际上，它们往往对于翻牌后多人底池同样适用。

一、多人底池的均衡问题

在我们深入探讨之前，我们必须研究纳什均衡的基本主张在多人时是如何变化的。纳什均衡有一个理想的特性：如果我们遵循纳什均衡策略，我们就可以得到一个保底的期望值，而对手的错误只会提高我们的收益。然而令人遗憾的是，这种保底方案在多人底池中很难奏效。

当某个玩家在多人底池中犯错时，他损失的 EV 不会简单地平均分配给其余玩家。该玩家的错误可能会降低其余某些玩家的 EV，从而使另外的一些玩家受益。任何策略，无论是 GTO 策略还是剥削策略，都无法避免这种情况。

如果是这样的话，我们如何确定多人场景的 GTO 解决方案是合理的？诺姆·布朗（Noam Brown）解决了这个问题，他是计算博弈论领域的著名专家，也是 Libratus 和 Pluribus 等高级扑克人工智能软件的创建者。在接受 Lex Friedman 采访时，当被问及单挑扑克和多人扑克之间的区别时，布朗表示：

事实证明，在2人扑克中所用的近似平衡的方法在6人扑克中非常有效，因为游戏具有对抗性，玩家不合作。

根据布朗博士的说法，我们知道 GTO 策略在多人底池和单挑底池中都适用。现在我们暂且抛开核心理论，让我们研究多人底池中一些具有关键影响力的因素。

二、分担防守负担

在德州扑克中，我们使用最小防守频率（MDF）来计算某个玩家需要防守多宽范围才能防止其他玩家进行有利可图的诈唬。

考虑一下，如果我们在多人底池中进行底池大小的诈唬会发生什么。为了让我们的诈唬有利可图，我们需要至少 50% 的时间拿下底池。这意味着在单挑底池中，我们的对手至少有一半的时间需要防守。然而，在多人底池中，防守的负担是被分担的！

在多人底池中，通过下注拿下底池所需要的总弃牌率
= 玩家1弃牌率 × 玩家2弃牌率 × 玩家3弃牌率⋯
每个玩家的平均弃牌率是防守玩家 a 的 n 次方根。

$$平均弃牌率 = \sqrt[n]{a} = \sqrt[n]{\frac{s}{s+1}}$$

$n =$ 防守玩家的数量

$a = s/(s+1)$，$s =$ 下注 / 底池

在实践中，结束行动的玩家往往比在他之前的玩家承担更大的防守份额。因为他的跟注不会引来再次加注，这使得结束行动的玩家的防守策略可以更加有利可图。

然而，我们可以使用上面的简化方程来证明多人底池中的策略的差异。

表 9 显示了每个玩家应对不同下注尺度的 MDF。

表 9　多人底池中每个玩家应对不同下注尺度的 MDF

Bet Size	MDF per Player							
	1	2	3	4	5	6	7	8
10%	91%	70%	55%	45%	38%	33%	29%	26%
25%	80%	55%	42%	33%	28%	24%	21%	18%
50%	67%	42%	31%	24%	20%	17%	15%	13%
75%	57%	35%	25%	19%	16%	13%	11%	10%
100%	50%	29%	21%	16%	13%	11%	9%	8%
150%	40%	23%	16%	12%	10%	8%	7%	6%
200%	33%	18%	13%	10%	8%	7%	6%	5%

在单挑底池中，如果我们的对手下注 10% 底池，我们需要防守我们范围的 91%，以防止对手通过诈唬获利。如果有 8 个玩家防守这个小尺度的下注，每个人的防守频率就会下降到 26% 左右！差异是巨大的。事实上，即使下注 1% 底池，也会大幅降低每个人的整体防守频率。在单挑底池中，如果对手下注 1% 底池，那么我们需要防守大约 99% 的范围。在 9 人底池中，这一比例下降至 44%（见图 98）。

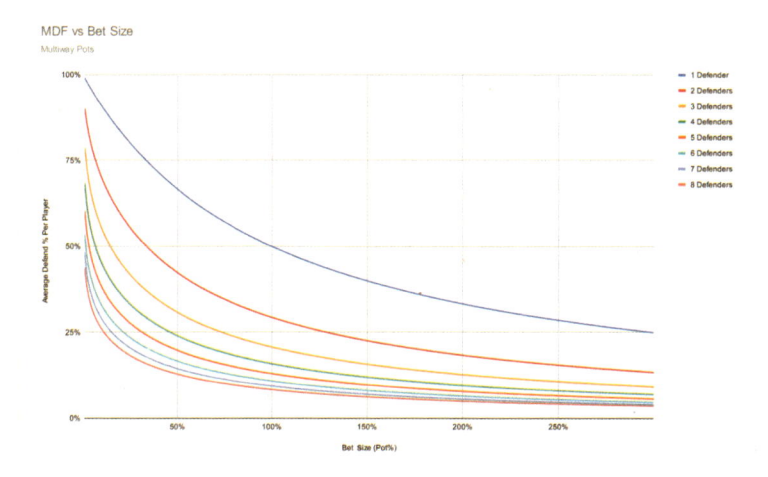

图 98 多人底池中每个玩家应对不同下注尺度的 MDF

多人底池在纯粹的诈唬上具有绝对可怕的风险/回报比。即使下注尺度非常小，对手依然可以只用权益很高的手牌防守，让我们无法进行有利可图的诈唬。与此同时，底池赔率没有改变，任何能够获得足够 EV 的牌都可以继续对抗此下注。

三、紧是对的

就像前面说过的，在多人底池中，我们的对手可以只用高权益的手牌防守而不会被剥削，这给我们带来了一个非常简单但至关重要的启发：紧是对的！

在多人底池中，玩家们不需要像在单挑底池中那样防守。由于对手只需要用一些高权益的手牌防守，我们的下注范围也随之自然而然地变得更强。纯粹的诈唬在多人底池中一般来说是无效的——我们需要更强的价值下注和权益更高的诈唬。除了河牌圈，如果没有可靠的听牌权益，我们最好不诈唬。

四、停止全范围下注

全范围下注是指在某个特定牌面中，用 100% 的频率下注所有的手牌组合，通常下注尺度很小。这种策略在单挑底池中很常见，但在大多数多人底池中这样做会输得很惨。

全范围下注的前提是，一方拥有压倒性的范围优势，即使下注任意两张手牌，对手也被迫超额弃牌。然而，在多人底池中，对手根本没有义务防守得很宽。

因此，为了改进多人底池策略，我们可以作出的最简单的改变是停止全范围下注。我们要更频繁地放弃垃圾牌，提高我们的价值下注门槛，中等牌更多地选择过牌并力求摊牌。

五、以坚果潜力为王

坚果潜力是指一手牌成为坚果牌或非常接近坚果牌的潜力。

例如，在 A♠Q♠8♥ 这样的翻牌上，像 6♠4♠ 这样的手牌具有较差的坚果潜力，因为它只能形成弱同花。然而，像 K♠7♠ 这样的手牌如果击中会形成坚果同花，因此具有很强的坚果潜力。

坚果潜力在多人底池中至关重要，因为多人底池的防守范围一般非常强。因此在多人底池中进行半诈唬时，我们需要更多地考虑我们手牌的强度。如果我们在多人底池里击中了小的同花听牌，我们有很大的概率被更大的同花统治。此外，具有范围优势但缺乏坚果牌的玩家通常会玩得更被动（除非 SPR 非常低）。

举个例子。如果我们在庄位，面对大盲位玩家，在 753 彩虹面的翻牌圈进行全范围下注会发生什么？当然，我们有超对，但按比例来说，对手有更多坚果牌，如三条、两对和顺子。我们的超对很难从对手的边缘对子中获得很大的价值，并且很容易受到大盲位玩家过牌加注的攻击。

六、更高的隐含（和反向隐含）赔率

在多人底池中增加隐含赔率和反向隐含赔率的效果类似于在深筹码底池中增加隐含赔率。在多人底池中更高的筹码门槛意味着我们需要比单挑底池更强的牌才能全下以获得价值。对比一些边缘的成牌，我们更喜欢同花、两头顺子这类听牌，因为它们有更稳定的权益。

七、使用小尺度下注

我们一直反复强调，在多人底池中防守往往会更加严密。因此，如果我们使用大尺度下注，很容易超出我们的权益保留范围。简单来说，在多人底池中大尺度下注很容易造成"找大哥"的情况，留下了权益比我们大的手牌，赶走了权益较小的牌。

举个例子，庄位玩家开池，大盲位玩家跟注，翻牌是 A♣T♣2♠。在单挑底池中，庄位玩家通常更喜欢超池下注。图 99 是当大盲位玩家跟注 125% 底池时的权益（大盲位玩家在这里甚至超额弃牌了很多！）。大多数强对子仍然远远领先于跟注范围。图中颜色越偏向绿色代表权益越大，越偏向红色代表权益越小。

再次提醒一下，翻牌是 A♣T♣2♠。

AA 86.51	AKs 73.18	AQs 72.06	AJs 69.44	ATs 81.52	A9s 62.34	A8s 58.93	A7s 56.17	A6s 54.22	A5s 53.50	A4s 52.69	A3s 52.58	A2s 72.46
AKo 74.00	KK 38.24	KQs 38.12	KJs 35.79	KTs 39.02	K9s 24.46	K8s 24.29	K7s 24.05	K6s 23.87	K5s 24.70	K4s 24.74	K3s 24.83	K2s 39.70
AQo 72.61	KQo 33.51	QQ 37.16	QJs 33.03	QTs 38.15	Q9s 21.65	Q8s 21.52	Q7s 20.24	Q6s 20.01	Q5s 20.85	Q4s 20.92	Q3s 21.05	Q2s 38.85
AJo 69.74	KJo 30.85	QJo 28.32	JJ 36.26	JTs 37.46	J9s 21.25	J8s 21.19	J7s 19.87	J6s 18.56	J5s 19.36	J4s 19.43	J3s 19.57	
ATo 81.35	KTo 39.20	QTo 38.17	JTo 37.26	TT 88.78	T9s 35.30	T8s 34.97	T7s 34.74	T6s 34.60	T5s 35.03	T4s 34.95		
A9o 62.57	K9o 18.11	Q9o 15.44	J9o 15.43	T9o 35.27	99 28.23	98s 20.50	97s 19.42	96s 18.18	95s 17.83			
A8o 59.11	K8o 17.91	Q8o 15.23	J8o 15.26	T8o 34.91	98o 14.54	88 27.83	87s 18.79	86s 17.63	85s 17.31			
A7o 56.30	K7o 17.68				97o 13.31	87o 12.73	77 27.27	76s 17.08	75s 16.89	74s 16.89		
A6o 54.23						76o 10.94	66 26.72	65s 16.40	64s 16.42			
A5o 53.51								55 26.78	54s 27.16	53s 27.17		
A4o 52.70									44 26.43	43s 26.56		
A3o 52.64										33 26.01		
												22 88.23

■+■ 权益大于 50%　　■+■ 权益小于 50%

图 99　在单挑底池中，大盲位玩家跟注 125% 底池时的权益

现在让我们将其与多人底池进行比较（见图 100）。庄位玩家开池加注，大小盲位玩家跟注。我们使用求解器，得出面临这种超池下注，每位玩家的平均防守范围为 25%（单挑底池为 44%）。通常情况下，小盲位玩家的防守范围会比大盲位玩家小，但让我们简化一下，让两位玩家都用翻牌前跟注范围的前 1/4 来跟注。这是庄位玩家的权益与小盲位玩家和大盲位玩家范围内前 25% 的权益对比。

令人惊讶的是，即使是击中 A、2 这样的对子，或者击中 A、K 这样的强顶对，也落后于集体跟注范围！我们实际上用一个翻牌圈下注进行了过度游戏……请注意，盲注实际上应该弃牌更多，所以我们在这里高估了庄位的权益。

这就是为什么我们通常应该缩小多人底池的下注尺寸。如果我们用大尺度下注，我们的权益保留率会急剧下降。当然，我们依然在某些情况下可以进行超池下注。但总的来说，多人底池超池下注的情况要比单挑底池超池下注的情况少得多。

AA 72.43	AKs 40.57	AQs 36.80	AJs 29.50	ATs 55.94	A9s 19.51	A8s 16.41	A7s 14.74	A6s 13.65	A5s 13.79	A4s 13.40	A3s 13.32	A2s 40.48

AA 72.43	AKs 40.57	AQs 36.80	AJs 29.50	ATs 55.94	A9s 19.51	A8s 16.41	A7s 14.74	A6s 13.65	A5s 13.79	A4s 13.40	A3s 13.32	A2s 40.48
AKo 41.11	KK 10.23	KQs 19.66	KJs 20.17	KTs 13.54	K9s 9.64	K8s 9.57	K7s 9.61	K6s 9.54	K5s 10.45	K4s 10.61	K3s 10.69	K2s 21.34
AQo 37.08	KQo 14.83	QQ 9.94	QJs 20.70	QTs 13.20	Q9s 9.92	Q8s 9.88	Q7s 8.88	Q6s 8.76	Q5s 9.70	Q4s 9.88	Q3s 9.97	Q2s 20.03
AJo 29.54	KJo 15.09	QJo 16.24	JJ 9.44	JTs 12.42	J9s 10.49	J8s 10.50	J7s 9.44	J6s 8.23	J5s 9.16	J4s 9.72	J3s 9.41	
ATo 55.09	KTo 13.81	QTo 13.36	JTo 12.40	TT 80.95	T9s 12.00	T8s 12.05	T7s 12.65	T6s 12.66	T5s 13.49	T4s 13.60		
A9o 19.22	K9o 3.48	Q9o 4.50	J9o 5.57	T9o 11.93	99 8.19	98s 10.33	97s 9.47	96s 8.32	95s 7.98			
A8o 15.93	K8o 3.45	Q8o 4.46	J8o 5.52	T8o 11.92	98o 5.45	88 8.10	87s 9.30	86s 8.20	85s 7.84			
A7o 14.20	K7o 3.50				97o 4.40	87o 4.36	77 8.29	76s 8.13	75s 7.90	74s 7.92		
A6o 13.00						76o 3.18	66 8.24	65s 7.78	64s 7.89			
A5o 13.15							55 9.12	54s 18.32	53s 18.37			
A4o 12.64							44 9.10	43s 18.33				
A3o 12.57								33 9.09				
												22 77.00

■+■ 权益大于50% ■+■ 权益小于50%

图100 在多人底池中，大盲位玩家跟注125%底池时的权益

八、位置优势增强

位置优势源于从对手首先行动中获得的信息，以及在每条街上结束行动的能力。在多人底池中，当我们掌握更多信息时，位置优势会被放大，并且结束行动变得更有价值。相反，当许多玩家在我

们身后还尚未采取行动时，我们游戏的收益就会少得多。

证明这一原理的最简单方法是将庄位玩家的翻牌前跟注范围与小盲位玩家的翻牌前跟注范围进行比较。在大多数常规游戏中，同样面对加注，庄位玩家应该比小盲位玩家防守得更宽，尽管庄位玩家有时需要面对其他位置玩家的再加注。

让我们挑选一个深筹码情况来演示这一原理（深筹码可以进一步放大位置优势）（见图101～图104），200个大盲筹码深度，关煞位玩家开池2.5个大盲。我们来比较一下庄位玩家和小盲位玩家翻牌前的防守范围。

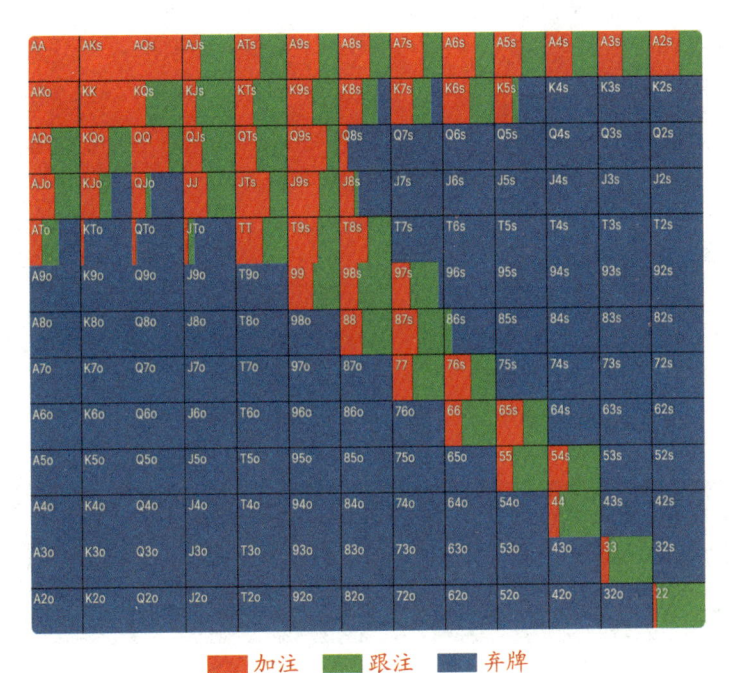

图101　庄位玩家面对关煞位玩家开池的策略组合

Allin 200		Raise 8.5	
0%	0 combos	11.2%	149.08 combos
Call		Fold	
9.8%	130.14 combos	78.9%	1046.84 combos

图 102　庄位玩家面对关煞位玩家开池的关键数据

AA	AKs	AQs	AJs	ATs	A9s	A8s	A7s	A6s	A5s	A4s	A3s	A2s
AKo	KK	KQs	KJs	KTs	K9s	K8s	K7s	K6s	K5s	K4s	K3s	K2s
AQo	KQo	QQ	QJs	QTs	Q9s	Q8s	Q7s	Q6s	Q5s	Q4s	Q3s	Q2s
AJo	KJo	QJo	JJ	JTs	J9s	J8s	J7s	J6s	J5s	J4s	J3s	J2s
ATo	KTo	QTo	JTo	TT	T9s	T8s	T7s	T6s	T5s	T4s	T3s	T2s
A9o	K9o	Q9o	J9o	T9o	99	98s	97s	96s	95s	94s	93s	92s
A8o	K8o	Q8o	J8o	T8o	98o	88	87s	86s	85s	84s	83s	82s
A7o	K7o	Q7o	J7o	T7o	97o	87o	77	76s	75s	74s	73s	72s
A6o	K6o	Q6o	J6o	T6o	96o	86o	76o	66	65s	64s	63s	62s
A5o	K5o	Q5o	J5o	T5o	95o	85o	75o	65o	55	54s	53s	52s
A4o	K4o	Q4o	J4o	T4o	94o	84o	74o	64o	54o	44	43s	42s
A3o	K3o	Q3o	J3o	T3o	93o	83o	73o	63o	53o	43o	33	32s
A2o	K2o	Q2o	J2o	T2o	92o	82o	72o	62o	52o	42o	32o	22

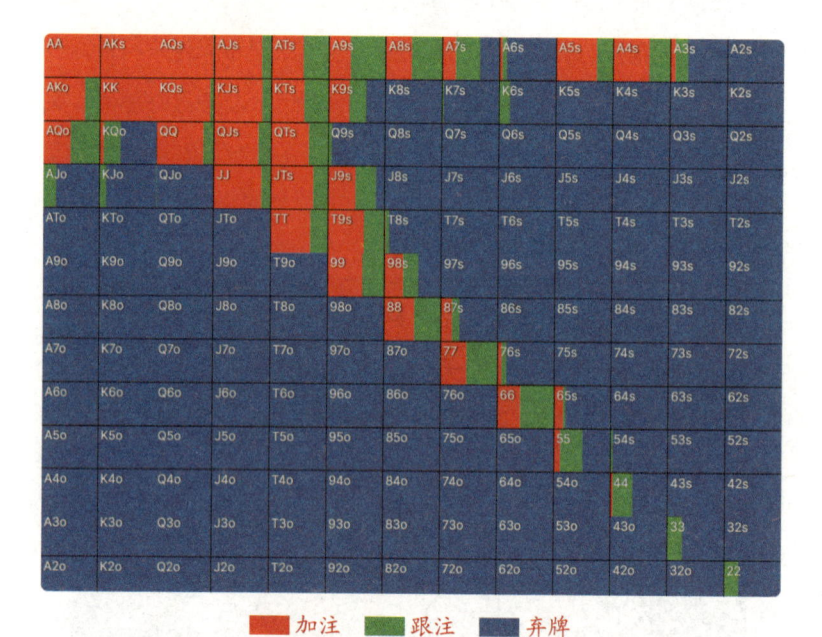

■ 加注　■ 跟注　■ 弃牌

图 103　小盲位玩家面对关煞位玩家开池的策略组合

Allin 200		Raise 11	
0%	0 combos	8%	105.66 combos
Call		Fold	
5%	66.75 combos	87%	1153.58 combos

图 104　小盲位玩家面对关煞位玩家开池的关键数据

请注意，庄位玩家的防守范围比小盲位玩家宽 8%！虽然小盲位玩家的价格更合适，而且背后的玩家更少。

但这两个因素并不能减轻不利位置带来的不利影响。因此，小盲位玩家比庄位玩家防守范围更窄（紧）。

显然，在多人底池中处于第一个位置是非常糟糕的，但如果处于中间呢？

与我们身后和前面的玩家一起玩"中间的位置"也不是一种有利的情况。许多玩家常犯的一个错误是，他们认为在小盲位玩家跟注有利位置玩家开池后，大盲位玩家应该防守更宽的翻牌前范围，但通常情况并非如此。是的，随着底池人数变多，我们的底池赔率越来越大，但我们的权益实际上越来越小。

九、阻挡效应被放大

阻挡牌在多人底池中变得更加重要。随着阻挡牌与更多范围相互作用，阻挡效果变得更加强大。举个例子，有效筹码为 200 个大盲。如果我们在枪口位置用 AKo 开池，我们有 55.6% 的概率拿下底池；如果用 22 开池，成功的概率则降低到 48.3%。

这是一个相当明显的差异。我们用 AKo 在枪口位置开池时偷盲注成功的概率比 22 大 7.3%！这是因为 AKo 会阻挡跟注或加注枪口位玩家的牌，而 22 主要阻挡会弃牌的牌。同样的概念可以延伸到翻牌后的多人底池中。阻挡坚果牌的作用在多人底池中也比单挑底池中更为重要。

十、受限范围不易被利用

受限范围是指我们的范围中没有最强的牌。在单挑底池中，我们需要更加关注范围的平衡性。如果我们过牌的范围过弱且没有慢打足够多的强牌，那么我们的对手可能会利用我们的过牌范围以过度的侵略性攻击！然而，在多人底池中，由于有多个玩家分担防守负担，受限范围不再是个问题。具有范围优势的加注者必须同时击败多个对手。来看一个例子。100个大盲有效筹码，枪口位玩家开池2个大盲。图105是大盲位玩家在小盲位玩家弃牌后的防守策略。

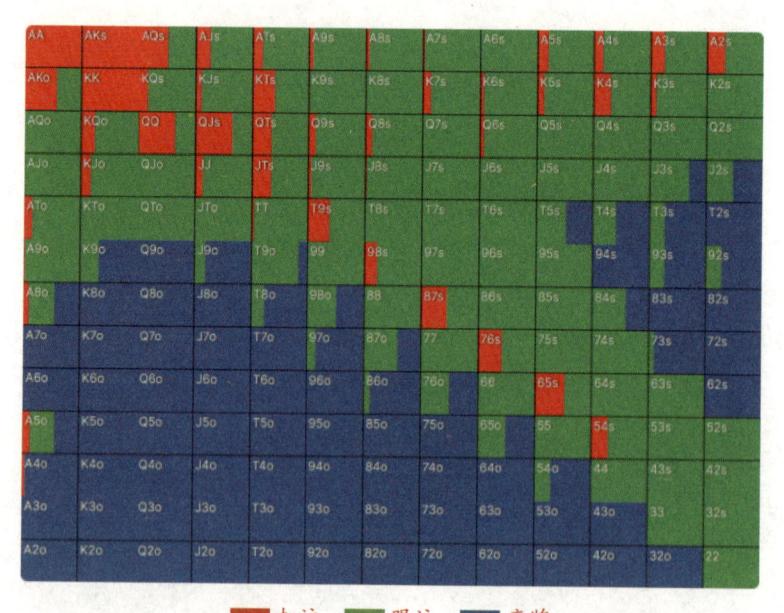

加注　跟注　弃牌

图105　大盲位玩家在小盲位玩家弃牌后的防守策略

第十章 德州扑克中的多人底池问题

图 106 显示了大盲位玩家在小盲位玩家跟注后的防守策略。

■ 加注　■ 跟注　■ 弃牌

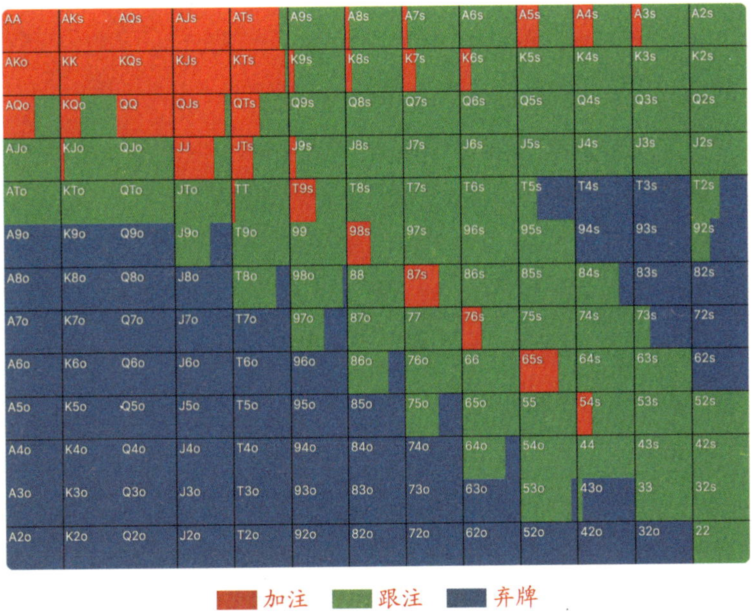

图 106　大盲位玩家在小盲位玩家跟注后的防守策略

当大盲位玩家与枪口位玩家进行单挑时，他会用像 AKo 和 QQ 这样的强牌跟注，有时还包括 AQs。大盲位玩家需要这些强大的埋伏来保护他其余的跟注范围，但一旦小盲位玩家也加入游戏，大盲位玩家就可以把自己的顶部范围全部用来加注，即便这会导致大盲位玩家的跟注范围更加受限。这么做的一个原因是，这时加注更加有利可图；另一个重要原因是，在多人底池中受限范围并不像在单挑底池中那样容易被人攻击。一般来说，我们需要在多人底池中"更诚实地"玩。这里所说的"诚实"并不是说不诈唬，而是我们的行为应该更准确地反映范围的多方面价值。如果某个玩家下注尺度太大或范围太弱，他将很少能获得诈唬所需的弃牌赢率，并且他的价值范围将很快落后于防守玩家紧缩的跟注范围。由于权益保留率急剧下降，他变得极易受到过牌加注或反加注的影响。

然而，更有趣的是过牌范围。在多人底池中很容易出现一种每个人的过牌范围都比较弱且严重受限的奇怪现象。一个原因是下注范围更加"诚实"，另一个原因是多个玩家分担防守负担之后，每个人对自己过牌范围的保护需求有所减少。从某种意义上说，其他玩家就像一个盾牌，替我们分担了防守负担，但也意味着当所有人都过牌时，所有人的范围都是偏弱的。

结　语
我们应该如何看待德州扑克

写到这里，我不得不承认这是一本对德州扑克新手并不太友好的教程，书里的案例往往缺乏简单明确的指导，但这正是德州扑克的魅力所在。与象棋、围棋这些虚拟游戏不同，德州扑克是真实世界的游戏（在某些时候我们参与德州扑克游戏要付出一定的代价）。就像真实世界的其他事情一样，如果你去咨询一个投资专家，他自信满满地告诉你明确的标的，你应该买哪只股票或者基金，那么他大概率是个骗子。

以怎样的角度面对德州扑克这个游戏，在某种程度上意味着我们用怎样的态度对待真实的世界。

用量子力学的视角看待世界

"浪漫的本质是不确定性。"王尔德说。

"一个人无法预见未来，也许是一件好事。"克里斯蒂说。

在十年前刚刚接触德州扑克的时候，我经常听人讲"牌如人生"。起初我以为这仅仅是一种傲娇的营销话术，但随着对德州扑克的了解越来越深入，我不得不承认，扑克不仅改变了我的生活，也在一定程度上影响了我的世界观。一个人如何理解德州扑克，在某种程度上反映出这个人如何理解真实世界的生活。

牛顿经典力学是我们高中物理的必修课，奇妙的牛顿三定律给了我们一种错觉：宇宙中的万事万物都在被同一种规律支配，即便有些规律我们现在没有发现，但是它们一定存在。现实中持有这种想法的人往往更倾向于相信阴谋论的存在，认为"一个事情的存在一定有其存在的目的"。

而这种想法反映在德州扑克中，就是很多玩家往往过于关注对手行为的动机。

"对手下注这么大，一定想要诈唬我。"

"这哥们已经上头了，他什么牌都会跟注。"

这类自以为是的分析在牌桌上随处可见，正如我们在证券交易大厅会听到的对股票的预测一样。

如果我们更深入一步，跨过牛顿力学，开始接触量子力学，这个世界仿佛发生了天翻地覆的变化。我们可以把每一次对手的下注理解成一个猜底牌的游戏，也可以认为这是一次类似"薛定谔的猫"的思想实验。

薛定谔的猫是量子力学中不确定性的最经典的思想实验，描绘了一只处在"既死又活"叠加态的猫。如果我们静下心来想一想，我们每一次的下注又何尝不是一次"薛定谔的下注"——既是价值下注，也是诈唬的叠加态。

如果我们不能接受量子力学里关于世界的描述，即便我们记住了求解器告诉我们的所有答案，我们也很难真正地去执行。

记住，德州扑克是一个"真实"的游戏。这也是为什么我们想要在投资上获得高手帮助时往往需要成立一个基金，而不是简单建立一个微信群，群主一声令下，大家全仓买入。

敢于在不确定的世界里亮剑

前段时间我去看了诺兰导演的电影《奥本海默》，里面反复出现了《薄伽梵歌》。这部因为《奥本海默》而被更多人知道的古代史诗讲述的是一位战士看见亲友在敌军中，便在战场上失去了勇气，决定不再战斗。至高之神对这位战士说：放弃战斗和以奉献精神战斗一样能得到解脱，但后者会更容易达到解脱的目的。

这个神话故事隐喻了我们人类的很多困境。德州扑克之所以难就在于对手的策略和接下来的发牌充满不确定性。事实上，不仅仅德州扑克如此，生活中的所有事情几乎都是不确定的。

对许多人而言，人生的艰难并不在于早起晚睡地拼搏，而在于我们不确定这份拼搏是否会换来我们想要的结果。我们不得不在"生活在大城市还是小城市""买房还是租房"等一个个左右为难的选择中，作出艰难的决策。

就像德州扑克界的那些大神们一样，决策高手绝不是在黑白分明的情况下才能作出英明决策，而是在灰度中也能作出坚毅果敢的决策。年轻时的巴菲特不善于演讲，于是去报班学习。他说：我不是为了演讲时不发抖，而是为了发抖时还能演讲。

在《权力的游戏》里，有一段经典台词：

Bran（子）："一个人如果害怕，还能勇敢吗？"

Ned（父）："人唯有在害怕时才能够勇敢。"

德州扑克的高手必须在不清楚对手的手牌及决策的情况下，勇敢地下注、跟注、弃牌，不能被一时的输赢所带来的情绪左右自己的决策。《薄伽梵歌》告诉我们：人要行动，并且行动不要带有欲望，甚至行动也不必追求结果。而这正是德州扑克玩家游戏时最理想的精神状态。

记住，永远有更好的选择

这本书里讲了很多关于 AI 的事情，以我的体验，和人最大的不同之处是，AI 永远不会说"不"。

当你向 ChatGPT 提出一个问题时，它永远会给你一个答案，哪怕是一本正经的胡说八道。

这是因为 AI 的工作方法很大程度上是基于概率的："AI 估计所有选项的概率，即使所有选项的正确概率都极低，它仍然只会选择概率最高的选项。"在有些人看来，在两个苹果中挑一个大的是人的本能。然而，这时两个苹果是确定性的，是眼见为实的。一旦两个苹果的大小变成概率，大多数人就不会选了。这种现象在德州扑克中随处可见。

比方说，一个相信概率的人，可能会在 70% 和 80% 之间选后者。但如果一个是 3%，另一个是 5%，还有啥可选的？但在德州扑克里，那些最艰难的决定，比如面对对手大尺度的诈唬，是跟注还是弃牌，EV 往往只有 3% 和 5% 的差距。大多数人处在仅有"小概率可能"的环境里，就会放弃思考，失去选择的动力，只想"躺平"。因为大多数人不喜欢在一件坏事和另一件更糟糕的事情之间作出选择。

如果我们想真正成为德州扑克的高手，我们必须像 AI 一样。AI 永远会给出答案，哪怕一切模糊不清，"仍然只会选择概率最高的选项"，并重复下去，直到击败所有对手。

结　语　我们应该如何看待德州扑克

正如笛卡尔所说的："当追随真理超出了我们的能力时，我们应该追随最可能是真理的东西。"在德州扑克游戏中，当追求绝对的剥削策略（读牌）超出我们的能力的时候，我们也要知道已知条件下最好的选择。这和我们的生活一样，我们不可能在考试之前做好真正万无一失的准备，但我们依然要在考试中竭尽所能发挥出自己最好的水平。

附录 A　德州扑克常见术语

概念术语

All in 全下

Aggressor 进攻方

Average fold% 平均弃牌率（%）

Best hands 最好的手牌，一般指可以被当作坚果的手牌

Bet 下注

Bet Size 下注尺度

Blocker 阻挡牌

Bluff 诈唬

Board 公共牌

Bucket 权益桶

Category 分类

Check 过牌

Call 跟注

Check-rasie　过牌加注

Cold Call 冷跟注（在有利位置跟注一个加注）

Combo 手牌组合

Donk 反主动下注

Defender 防守方

Draw 听牌

Effective stack 有效筹码

Expected Value（EV）期望值

Equity 底池权益/胜率

Equity Realization（EQR）底池权益实现/胜率实现

Equity graph 权益分布图

Flop 翻牌圈

Fold 弃牌

Frequency 频率

Good hands 好的手牌，一般指底池权益较高，但又不是坚果的手牌

Hands 手牌

ICM 德州扑克锦标赛中使用的一个概念，用于确定每个筹码相对于锦标赛奖池的价值

In Position（IP）有利位置

Lead 领先下注

Limp 溜入

Low pair 低对

Merge 融合/混合范围（也就是线性范围）

MTT 多桌锦标赛

Multiway pot 多人底池

No draw 没有听牌

No made hand 既没有组成对子，也没有组成听牌的手牌

No pair 没有组成对子的手牌

Nuts 坚果牌

Nuts advantage 坚果优势

Out of Position（OOP）不利位置

Open/Open raise 开池加注

Player 玩家

Pot 底池

Pot odds 底池赔率

Range 范围

Raise 加注

River 河牌圈

Second pair 第二大的对子

Semi-Bluff 半诈唬

Set 暗三条

SRP 单次加注底池

Stack 筹码量

Stack depth 筹码深度

Street 街、街道，回合的别称

Third pair 第三大的对子

Top pair 顶对

Trash hands 垃圾牌，指底池权益非常低，不可能靠摊牌获胜的手牌

Turn 转牌圈

Value 价值

Win rate 赢率

Weak hands 弱的手牌,一般指底池权益较低,但又有一定摊牌价值的手牌

位置术语

UTG 枪口位置

HJ 劫持位置

CO 关煞位置

BTN 庄位

SB 小盲位置

BB 大盲位置